EL PUNTO CIEGO

Ethel Eugenia Jancarik

Introdución:

El punto ciego ofrece al lector la posibilidad de visualizar en otra historia los avatares de la construcción subjetiva.

Todo nacido es recibido por un mundo que lo nombra y define su futura identidad y cada cual es responsable, es decir, responde a los mandatos socioculturales de la manera que puede o que le conviene.

En el caso de la protagonista de este relato, la misma percibe desde muy joven los aspectos negativos que pueden tener para su vida y su libertad la asunción del rol tradicional de mujer en una sociedad machista que rechaza-

Cada cual , según su posición en algún momento enfrenta mandatos que determinan su vida.

Este libro nos dá la oportunidad de reflexional sobre cuales son las expectativas sociales que nos determinan y analizar la posibilidad de seguirlas o rechazarlas.

Cada sujeto evalualuará sus conveniencias deacuerdo a criterios propios que también encontrará en la cultura de la cual forma parte.

Las posibilidades de libetad son limitadas pero existen y están ahí para que cada uno pueda descubrirlas desde la especificidad de su historia.

El punto ciego es una invitación a desubrirnos a nosotros mismos situándonos en ese lugar en el cual es difíil vernos ya que es el punto en el cual estamos sujetos a nuestras propias determinaciones socioculturales.

Breve reseña de la autora:

Ethel Eugenia Jancarik, nació en Paraná, Entre Ríos, Argentina. Nieta de abuelos inmigrates y sobrina de Elena Inés Jancarik, poeta cuyana subrealista quien ejerció una gran influenia en Ethel desde su mas tierna infanicia mostrándole una perspectiva y una realidad distinta al mandato de mujer tradicional que recibía de otros entornos familiares. Este libro está dedicado especialmente a su tía Elena , quien desde siempre la invitara a recorrer mundos extraños de pájaros y a tener los asombros que la gran poeta tuviera en su larga y fructifera vida.

Agradezco a la vida, a mi origen checo y a mi tía Elena

"Nacemos en un punto ciego y solo luego de un crecer sinuoso llegamos a encontrarnos, viéndonos en perspectiva, elucidando todo aquello que no vemos cuando estamos atrapados en ese punto"

Cállense me atreví a decir un día
Voces que apabullan mi ser con palabras que no son mías,
¡Cállense!
¿No ven que estoy tratando...? ¡QUIERO SER YO MISMA!
(que ingenuidad, creer que no saben lo que están haciendo, cuando esconden intenciones de siglos, de una tragedia inconclusa, tratando de acallar lo que soy, lo que somos, lo que tenemos derecho a ser)

Debo ahora, desandar caminos de siglos transcurridos en el olvido de, "ser *humano*", sin más.

Comienza la hora de descifrar mi destino...............

¿Inicio de un camino determinado con un final definido?...
¿Eso es el nacer?...
Un camino determinado con un final definido sería....si no demandáramos las huellas.

DICTADURAS DEL NACER

¿Tan difícil es pretender que solo nos dejen desarrollarnos a nosotros mismos? Construir una vida social, una cultura donde sea posible ser uno mismo, sin que nos gobiernen mandatos que nos enajenan debería ser la auténtica democracia cultural de los pueblos.

Desprovistos de toda identidad recibida, acuñada o forzada en el pasado, desnudos en un tiempo sin reloj, desatados de cualquier lugar de pertenencias anquilosadas por el haber nacido denominados ya por otros, cada uno a solas consigo mismo se encuentra con la libertad absoluta de definir su propio sentir.

Esta es la historia de Susana, una mujer entre tantas, una mujer más, una más de aquellas que nacen marcadas por un destino, una trayectoria obligada, un camino establecido, lleno de normas que no las representan. A ella pues entonces, igual que a las otras, le sucedieron todas las ataduras. SUSANA fue el nombre con el que decidieron llamarla al nacer. Por supuesto que eso ocurrió el día de su bautismo, como parte indiscutida y necesaria que confirmaba su pertenencia a una formación cultural históricamente hegemónica; La Cristiandad.

Acogida en el mundo como MUJER, esa clasificación de género ya la posicionaba también para cumplir la función social específica de reproducir, sin más objeciones, que solo ser un objeto para garantizar la conservación del orden social al que pertenecía. Los dueños de su *ser* eran entonces, la Iglesia y los Varones y todo respecto de ese orden estaba ya escrito en mandatos ancestrales.

Por su sensibilidad e inteligencia desde muy niña lo había intuido, y siempre se enfrentaba a la absurda respuesta de que para ella ya estaban designados todos los lugares, sin que nadie le preguntara nunca nada acerca de sí misma. Más específicamente, ella misma NO EXISTÍA PARA NADIE.

Había nacido en los 60'y eso representaba todo un modo de ser en el mundo, claro está, en aquella parte del mundo en la que los cambios estaban sucediendo, no en el mundo en que ella había nacido. Lejos, muy lejos estaba Paraná de esos cambios...

Sociedad anquilosada, estática y con mecanismos de defensa lo suficientemente consolidados para impedir que lo nuevo se filtre, su ciudad no era justamente el lugar más proclive a recibir de buen grado los cambios de pensamiento y de movilidad que se estaban dando en el resto del mundo.

Como si toda esta descripción de las circunstancias del nacimiento de Susana fueran poco, tenemos que contarles queridos/as lectores, que su infancia transcurrió en los oscuros años de la dictadura militar.

La influencia de la Iglesia en su formación fue muy marcada principalmente porque su sensibilidad la llevó a reconocer en el mensaje cristiano un humanismo que la cautivó de pequeña. Desconociendo absolutamente los oscuros pliegues en los que los representantes del clero estaban participando simpatizó con aquellas enseñanzas.

Que los principios de la fe católica le hayan parecido humanistas es comprensible. Ella no sabía nada de ideologías y no sospechaba siquiera que aquella doctrina también sirviera a los intereses de la doctrina de la seguridad nacional. Era impensable para Susana semejante contradicción.

Pero era demasiado pronto, por su juventud y escasos conocimientos, para que ella supiera que existían posiciones políticamente opuestas en el interior de aquella institución y que ella estaba creciendo del lado "derecho".

Es paradojal como actúan en nuestro interior las operaciones ideológicas de inculcación. Tal vez por esa paradoja o tal vez porque para cualquier ser humano la búsqueda del sentido de la vida se hace apremiante en la juventud ella no pudo resistirse al deseo de amar y como casi todas las mujeres, cayó en la trampa del Vestido Blanco. La operación ideológica de ocultamiento actuó en su interior como un reflejo equívoco de sus anhelos y asumió sin darse cuenta el rol de ama de casa, incursionando en un ámbito ajeno a sus intereses genuinos y cayendo en el cumplimiento estricto de los mandatos heredados.

Susana había emprendido entonces un camino de contradicciones, cuyo nudo aún, no lograba descifrar. La decisión de casarse según las normas que respondían a la tradición la había puesto en una encrucijada. Casarse entre otras cosas fue parte de las acciones que le fueron impuestas como normas de la moral cristiana hegemónica todavía por aquellos días al menos en Paraná y fue largo pero seguro el camino que emprendió para desandar las huellas heredadas.

Más allá de todo, gracias a su intuición de niña, que siempre funcionaba como un mecanismo de defensa interior, como una tenue luz que le advertía cuando estaba siendo víctima de los abusos de poder impuestos sutilmente por los dictadores del ser, fue capaz de superarse a sí misma y tomar decisiones acertadas para corregir el rumbo de su vida.

Como ya habrán anticipado, su matrimonio fue un fracaso, la vida y las normas impuestas a una mujer casada eran insoportables para ella. La vida de casada podría describirse como la jaula de oro para la mujer. Bueno, ni siquiera de oro, de alambre no más.

Pronto se dispuso a buscar trabajo para poder salir de ese encierro. Y lo logró.

El trabajo al que accedió fue el trabajo de sus sueños, y en ese sueño se detuvo toda su vida, hasta éste momento en el que les escribe.

Independencia económica por la que se accede a la indepencia del ser es la clave para la libertad de la mujer, la tranpa del matrimonio tradicional de aquel entonces y porqué no del presente también, está en proponerle a la mujer una supuesta comodidad en el hogar donde es nada más y nada menos que REINA-ESCLAVA de todos.

El divorcio, cuya ley era nueva en nuestro país la obligó a enfrentar los pronósticos apocalípticos respecto a las consecuencias para los hijos, esos que por aquel entonces, cuando se discutía la ley, pregonaban los opositores.

Sus hijos no sufrieron ningún daño sino que al contrario, estuvieron resguardados de un padre ausente, desinteresado, irresponsable y apático. Susana cree que resultaron mejores hombres justamente por no ser educados en un clima de hostilidad, de mentiras, de fachadas, de egoísmos encubiertos y también porque nadie les impuso la cultura machista.

Ella siempre consideró que así fue mejor eso le permitió educarlos en la absoluta libertad de opciones ya que no tuvieron la presencia de un padre autoritario y déspota que más que representante de la ley es el representante del odio a las mujeres. Eso representa el padre en la sociedad machista autoritaria.

Es que para Susana solo eso representaba la figura paterna. Modelo aún hoy reproducido en la televisión, en los comentarios, en la cultura futbolera, en sus vecinos y familiares cercanos. Por eso en cierta medida casi se alegraba de que sus hijos no hubieran tenido un padre que representara todo aquello.

Es increíble ver como todavía se afana la cultura popular en consolidar estereotipos. El más perjudicial, el empeño que desde los prejuicios se pone en evitar que los hijos varones desarrollen alguna característica ligada al género femenino, arruinándoles la vida afectiva, promoviendo desde pequeños la doble moral tan comúnmente alentada en nuestra cultura y posicionándolos en la vida como personas sin derecho a tener sensibilidad.

Tan arraigados aún estaban esas tradiciones que le da una gran tristeza. Pode comprobarlo en comentarios tan cotidianos, como sugerir con entusiasmo que un niño tenga muchas novias mientras sigue siendo impensable y moralmente incorrecto el mismo comentario respecto de las niñas, o que una jovencita fuera considerada "turra" por su conducta sexual mientras que el género masculino jamás es juzgado por ello.

Una mujer sigue siendo juzgada de manera distinta y ESO aún está muy lejos de ser desterrado de la conciencia de género...

Así los varones, a fuerza de ocultar y reprimir sus sentimientos, van perdiendo lentamente su sensibilidad, su capacidad artística, su interés por el otro en una imposición de intereses de la hegemonía cultural machista que marcaba una visión fragmentada, sesgada por la exacerbación de la violencia en las relaciones, el interés limitado por la cultura y la arrogancia. Esta es la contraparte del daño que sufren los hombres.

Susana no estaba resentida con el género masculino, ella estaba indignada por esas prácticas sociales. Tal vez solo el hecho de que los hombres se sirvieran de ellas para imponer su predominio y sus intereses la ofuscaba pero también eso era parte de la naturaleza humana. Quien no aprendía tempranamente a hacer valer sus propios intereses legítimos era inmediatamente sometido por el otro.

En fin, a Susana la ponían fuera de sí las imposiciones, los dogmatismos, y las ataduras. Tratando de ser fiel a sí misma a pesar de todas las imposiciones que pesaban sobre ella por haber sido una mujer divorciada y con hijos pudo rehacer su vida con mayor libertad.

Ese estereotipo de ser una mujer divorciada y con hijos fue la peor de sus cruces, recorrió largos sederos sinuosos para recomponerse a pesar de los mandatos. Padeció crisis de angustias y llantos pero finalmente comprendió que ser uno mismo en un mundo saturado de hipocresías es una agobiante tarea que puede a veces llevarnos toda la vida.

COMO ERA Y COMO FUE

Nacemos con un temperamento heredado que es quizás nuestra única marca original PERO A LAS MUJERES no se les permite ser ellas mismas.

Ella era muy sensible, extremadamente intuitiva y muy racionalista a la vez. Tenía una amabilidad y dulzura innatas, especialmente con los niños. Ella se parecía a una niña. Su alma era muy noble, tanto que la más mínima discusión la ponía vulnerable y la hacía sufrir. Deseaba ser amaba como todos. Su carácter que a pesar de su sensibilidad era muy fuerte, no dejaba lugar a dudas cuando ella hablaba y aunque mucho tiempo le llevó tomar la palabra, cuando lo hizo no tuvo objeciones.

Susana era como su tía lo señaló en sus poesías, como la semilla del almendro, dura por fuera y muy tierna por dentro.

Tuvo enemigos, como todos los que marcan senderos, cuando Susana estaba presente solo cabía la posibilidad de estar con ella o en su contra.

Fue madre, docente, amiga y amante, pero nunca fue esposa, ese rol no lo pudo asumir, de la manera tradicional en el que está planteado, los displacieres que le causaron fueron demasiados.

Esposa era una mala palabra en su lenguaje, esposa era servir, avalar, consentir, relegar y relegarse, esposa era poco menos que esclavitud.

Ese era el modelo que había vivido, las mujeres no tenían la palabra, las mujeres no tenían palabra, las mujeres servían a los hombres pero nunca al revés, ni tan solo mutuamente.

Ser hombre era ser humano por naturaleza y ser mujer una debilidad innata que no alcanzaba para tener el don de pertenecer completamente al género humano.

El rol de esposa tenía que ver con esas esclavitudes, nada había bajo el dominio de la esposa más que los hijos y eso solo para cuidarlos, a la madre le cabían todas las obligaciones del cuidado infantil. El derecho le pertenecía al marido (eso incluso estaba legalmente establecido ya que antes de la ley de divorcio civil en Argentina, la patria potestad era exclusiva del padre). La educación a la Iglesia y el deber al Estado.

Los hijos eran propiedad de todos menos de la madre, ella solo servía para parirlos y cuidarlos, esa era toda la función social de la mujer y allí terminaba.

Poco más, poco menos, el modelo se perpetuaba. A pesar de la ley de patria potestad compartida y de divorcio, los cambios en las prácticas sociales no eran tan evidentes. Las mujeres seguían sometidas a ese rol de sujeto sujetado por la dominación social masculina.

Detrás de todo gran hombre hay una mujer esclavizada. Nunca comprendió aquello de ser meramente un apoyo de nadie, eso de la costilla Susana no lo compartía. Si alguna interpretación había que darle solo aceptaba una: las mujeres somos pares iguales.

Aquella sensación de esclavitud estaba íntimamente relacionado con una clara conciencia de igualdad.

Sin embargo, esa absoluta paridad con el hombre que Susana anhelaba, no la había intuido solo en su interioridad, hubo una institución en su vida (opuesta a la familia, que lejos de ser la célula básica de la sociedad es casi el organismo completo), un espacio de libertad que Susana encontró en LA ESCUELA ARGENTINA. En la escuela ella era exactamente igual a los hombres, en la escuela, no existían diferencias de género.

El guardapolvo blanco que lucía en la que se convirtiera en su queridísima Normal, ocultaba todas las diferencias sociales y el rendimiento escolar era la corona absoluta de la igualdad.

La idea de uniformar a los ciudadanos, no era del todo perversa,(como lo señalara alguna vez alguna vertiente pedagógica) no significó para ella ningún tipo de alienación sino todo lo contrario, esa idea fue la condición sin la cual no hubiera podido desarrollar sus condiciones.

Paraná era cuna del normalismo y los beneficios de aquellas ideas iluministas fueron la clave de la liberación en su vida. Susana conoció la igualdad de género muy lejos de su vida de relación familiar, Susana conoció ese derecho a **ser humano sin más, en la escuela de Sarmiento.**

No afirmaría con esto que Sarmiento tuvo esa intención, no lo afirmaría justamente ella que tenía una clara formación universitaria antisarmientista pero sí era el resultado visiblemente concreto en su vida.

Su madre era maestra normal y su abuela una mujer muy inteligente que sin haber terminado la escuela primaria intuyó aquello de que ser maestra era la opción más feminista y liberal de la época.

Esto le dio a Susana una visión no suturada de las cosas, en los modelos familiares no había un cierre absoluto de significados. Ser mujer era un hecho atravesado por la ambigüedad de dos roles claramente diferenciados, el de esposa y madre marcado por la dominación, la pérdida absoluta de su sí mismo, con connotaciones enfáticamente reforzadas por la Iglesia y la vertiente racionalista del positivismo pedagógico cuyo máximo exponente en su vida fue la escuela.

Estuvo marcada así desde el principio de su infancia por dos significaciones opuestas al sentir de su femineidad y la ardua tarea de construirse a sí misma estuvo atravesada por éstas contradicciones constantes.

Aún hoy trata de resolver el conflicto, aún hoy no puede superar la dicotomía presentada, los hombres en la vida familiar no entienden de éstas cosas, en la casa, las mujeres sirven, lavan los platos y cocinan, se hacen cargo de la ropa y de limpiar la casa, y eso no lo puede aceptar.

Puede parecer algo muy superfluo porque está tan naturalizada la función, que se nos aparece como obvio y es difícil percibir el malestar que eso genera en las mujeres, pero Susana no podía soportarlo.

Intentó superarlo pero no pudo, no se haría cargo de nadie que no pudiera hacerse cargo de sí mismo y los hombres en general no sabían hacerlo. Ella estaba convencida de que no era una cuestión de naturaleza, que era una cuestión de sociedad y estaba dispuesta a pagar el precio de la soledad antes que tener que soportar a un hombre que no se pudiera valer por sí mismo.

El paso del tiempo, confirmaba sus creencias y convicciones, la oportunidad de tener tiempo para sí cuando sus hijos crecieron le brindó aquella perspectiva de los años juveniles que no pudo aprovechar en su momento.

Susana había encontrado una oportunidad única de crecer, estimulada por la madurez alcanzada con los años, desprovista de las ataduras de los hijos, y convencida al fin de que su propia vida valía, no para otros, sino para ella misma.

Aferrada a estas convicciones que alcanzó luego de muchos años de desasosiegos, enfrentó un nuevo ciclo en su vida, el tiempo de SER SÍ MISMA.

NOMINACIONES

La sociedad tiene preestablecido un nombre para nosotros, uno general

que indica que modo de vida, que pensamientos y que deseos debemos

tener para adaptarnos a ella.

De todos los animales de la naturaleza, el ser humano es el único capaz de nominar.

Claro que Susana le llevó toda una vida comprender esto, aunque viviera las contradicciones más profundas como una ruptura sin sutura en el interior de su conciencia de su ser, la toma de conciencia de la situación se le hizo evidente luego de atravesar numerosas situaciones de incertidumbre.

Ser MUJER había sido para ella como lo es PARA TODAS, la primera clasificación.

En el trayecto de su historia había descubierto que aunque todas las mujeres fueran posicionadas en la misma tradición cultural, cada una respondía de manera diferente a esos mandatos.

Mientras que unas se convertían en un ejemplo de adaptación al modelo otras optaban por la resistencia, unas veces pasiva y algunas veces activa.

La dicotomía en su formación, no le permitía darse cuenta de que no añoraba casarse, que sus sueños eran diferentes, que tenía un ser propio por construir.

Lo que sucedía también era que Susana desconocía las otras luchas, años de educación conservadora, que le había ocultado otros modelos alternativos, otros ejemplos, otras vidas de mujeres, le habían negado la posibilidad de saber que no era la primera que atravesaba éstas contradicciones.

¡Cuánta confusión inventan los traidores!

Para encontrar sus propias palabras interiores Susana tuvo que buscar otra verdad

Descreer de lo conocido como todos los que rompieron alguna vez con un paradigma vigente.

¡Qué buen trabajo habían hecho los opresores!

Opresores de siempre…

Opresores arrimados por la historia hasta el presente…

Opresores de milenios…

Cuanta dictadura atravesó el tiempo, arraigó en Susana.

Adolescente rodeada de dictadores, esa fue su historia.

Historia de exclusiones.

La libertad y los privilegios no eran para ella, sufría la enajenación de su ser sin saberlo y esclava del mecanismo de imposición, hacía propios intereses ajenos.

Estaba expuesta al peor de los arrobamientos, sometida al deseo del otro disfrazado de propio y ocupada en trabajar a favor de lo que no la favorecía de ningún modo.

CEGUERA, CONFISIÓN, ENGAÑO.

SUCEDE ENTONCES Y CON MUCHA FRECUENCIA

¿Y por qué no le sucedería a ella entonces?

Viendo las cosas de otro modo, todos estamos sujetos a esas ataduras, y desandamos las huellas cuando **nos desatamos** de ellas.

Pasamos años de nuestras vidas trabajando para otros y necesitamos muchas veces atravesar por alguna crisis importante para DARNOS CUENTA de que no estamos siendo fieles a nosotros mismos.

EL CRECIMIENTO DE LOS HIJOS

Existen por lo menos dos instancias para el auto reconocimiento, una es la adolescencia, y como si la vida estuviera prevista para brindarnos una segunda oportunidad, nos sucede de nuevo al ver a nuestros hijos crecer.

La crisis llegó a la vida de Susana un día...el día que sus hijos crecieron.

La adolescencia de su hija fue como verse en un espejo reflejada.

El ajetreo de los días de la infancia había terminado y se presentaba otra etapa, sus hijos habían crecido y esto la hacía revivir su propia adolescencia.

El despertar de los años juveniles nos obliga a tomar decisiones vitales para nuestro futuro y este tiempo que estaba llegando se presentaba como similar a aquel.

Viéndolos ya formados, personas casi con posiciones tomadas en la vida, tan parecidos a ella, tan firmes respecto a sus creencias, tan decididos a hacerse dueños de su destino, eran indudablemente sus hijos. Pero la dejaban libre otra vez.

Susana era consciente de que había postergado algunos temas relevantes pero imposibles de resolver para ella a los quince años. Ésta vez, la tarea no se dejaba rehuir y ella tampoco estaba dispuesta a hacerse la distraída.

Ahora sí, con los refuerzos de la madurez y el amor de los afectos que ahora tenía, podría decidir su destino, el que ella quisiera, el que ella deseara, el que de su sí mismo más genuino resultara.

Atravesando diversos sederos llegó hasta aquí y se disponía a ser ella misma con más fuerza que nunca.

Para lograrlo debería tomar algunas decisiones y sostenerlas en el tiempo.

Quizás la más importante era aprender de una vez por todas a reconocerse, a quererse y a valorarse a sí misma más que a ninguna otra cosa.

Y estaba decidida a hacerlo...

Todo aquello que le fuera negado en su juventud estaba despertando y siendo valorado de una manera diferente.

Los tiempos de Susana fueron distintos, ella necesitó muchos años para encontrar su camino, ella necesitó recomponer una vida afectiva desarticulada, empobrecida, enajenada por las tristes circunstancias de su crecimiento y formación. Años de dictadura militar, de miedo, de persecuciones, de gente torturada y asesinada. Años de un padre enfermo, deprimido, incapaz de brindarle seguridad afectiva y de una madre sometida, con su vida postergada por la situación. Época en la que (tal vez igual que ahora) una niña no recibía educación sexual alguna más que la de tener miedo a un embarazo sin estar casada.

La vida le ofrecía la oportunidad de volver a ser adolescente bajo mejores circunstancias. Ella había inventado su propia vida, había construido el entorno de seguridades, afectos, valoraciones que no había podido tener entonces.

Sus hijos le brindaban ahora todo ese amor que necesitó antes, su seguridad laboral aquel bienestar económico que tampoco gozara por entonces y la madurez, la seguridad interior para redescubrirse.Este era entonces, el momento justo para empezar.

MARCAS PRIMARIAS

La intersubjetividad se vuelve esclavitud cuando el poder de nominación es unidireccional y es uno solo el que interpela al otro diciéndole lo que tiene que ser.

Mujer..., clasificada de diversas maneras.

De todas las divisiones posibles que se puedan emplear en una clasificación, existe una que solo se aplica a las mujeres. División fundamental, que fue siempre la más rechazada por Susana. El género femenino (y solo el género femenino) ha sido dividido en dos grandes categorías. La moral hegemónica, la doble moral discursiva, la arrogante y prepotente moral de los machos en nuestra cultura nos divide entre DECENTES o INDECENTES. Esto se convierte en una de las marcaciones más graves que nos atraviesan a nosotras, MUJERES. Con variadas sutilezas de lenguaje, en el tiempo la clasificación persiste y somos interpeladas por ésta DENOMINACION SOCIAL GRAVADA EN NUESTRA FRENTE COMO NINGUNA OTRA MARCA DE SUJETO IMPUESTA POR EL ORDEN SOCIAL.

Esta inscripción retumba en nuestros oídos de diferentes maneras tal cual la idiosincrasia de nuestro ser, nuestra capacidad de análisis y de respuesta pero lamentablemente todas en algún momento somos humilladas con esta clasificación.

Cuando Susana comenzó a sentir deseos por descubrir pasiones archivadas, renegadas, ocultadas en el inconsciente debió enfrentar los mandatos culturales.

Esta etapa de su vida fue la que más la contrarió.

Frente a la inminente aparición del deseo sexual, emergió la diferencia más cruel e injusta. Los varones podían hacerlo, las mujeres no. Eso estaba claramente definido.

Frente a ésta situación Susana decidió obedecer, no tanto por cobardía sino por cuidado de sí. Sin saber cómo ejercer su derecho a una sexualidad libre, la respuesta más prudente fue abstenerse. Los varones no se cuidaban, para ellos no existía ninguna imposición social y eran libres. El embarazo no era problema de los varones y eso era evidente. Las mujeres no recibían ninguna educación sexual al igual que los hombres pero el agravante de la posible consecuencia indeseable de un embarazo solo la sufrían las adolescentes. Por eso Susana decidió abstenerse del sexo. Solo por eso.

La respuesta más razonable y justa que encontró fue contraer matrimonio. Así evitó que ocasionalmente se le hiciera la propuesta de abortar (arriesgando su vida) y también mantenerse dentro de los criterios de decencia impuestos.

Esta clasificación tan denigrante y enfermiza fue la ocasión para poder repensar sus derechos sexuales en otra perspectiva y dimensión.

La supuesta liberación femenina, pensaba ella es una trampa.

El pensamiento masculino triunfa una vez más imponiendo sus intereses al género femenino.

La libertad sexual es un privilegio que solo gozan quienes tienen el poder y hay que ser ingenuo para suponer que las mujeres podemos siquiera aspirar a tenerlo. Sin igualdad de derechos económicos y sociales ningún derecho sexual es viable. Mientras tener hijos sea algo que corre solo bajo nuestra responsabilidad, y las cargas mayoritariamente estén puestas sobre nosotras ni siquiera podemos gozar del mismo tiempo de vida disponible para cuidar de nuestro patrimonio, es decir, de nuestro trabajo. NO se puede tener igualdad de derechos sexuales mientras no exista igualdad en las posibilidades de ganar lo mismo que un hombre. Esto entre otras cosas estará en juego mientras no existan o se entorpezca la implementación de leyes de amparo y protección. Esto lo había aprendido de su penosa experiencia de tener que asumir sola la crianza, mantención y cuidado de sus hijos porque como todos, su ex marido era un representante más de la sociedad en la que vivía y su rol de padre se limitó al depósito de una cuota alimentaria.

¡Qué disparidad de posibilidades! y que lejos de tener consolidada una conciencia de género que nos permita luchar por el derecho a elegir ser madre, como si algún otro se hiciera cargo de las responsabilidades que solo a nosotras nos carga la sociedad.

Casualmente, leyendo una historia, Susana reflexionaba sobre esto, se trataba de una mexicana, que había perdido la tenencia de su hijo por cuestiones financieras. ¿Es que como se supone que las mujeres con tan pocas posibilidades sociales de mantener una igualdad de remuneración con los hombres podamos competir en éste aspecto? Bah! Justicia de hombres tenía que ser...y esa historia le sirvió para reflexionar una vez más.

Y sírvanos también para darnos cuenda de que nuestro género está ABANDONADO, de que a nadie (de no ser a nosotras mismas y a algunos grandes hombres que también existen por cierto) le importa lo que nos pasa.

La liberación femenina ha fracasado y en el inconsciente permanece la ambivalencia psicótica de desdoblar a una mujer considerando que algo distintivo en ella la inhabilita para ser igual a un hombre. La vieja pero por eso resuelta doble moral comienza a socavar la conciencia absolutamente presente en nuestro tiempo.

Innumerables temas en los cuales no somos tratadas como iguales, trabajo doméstico no valorado, crianza de los hijos no compartida, recarga de la mujer que trabaja doble dentro y fuera de la casa. Cocinar es trabajo, lavar ropa es trabajo, planchar es trabajo y limpiar también es trabajo, todo robado al tiempo libre de las mujeres.

¿¡Fortaleza femenina ha de ser la nuestra para soportar tanta carga!?

Y aunque hemos avanzado todavía nos queda mucho por recorrer. La Ley de salud reproductiva encuentra miles de obstáculos para su implementación, desde la abierta negativa de repartir las pastillas en algún dispensario de Paraná, a las complicidades de quienes todavía se creen dueños de nuestras decisiones.

Cuando Susana era adolescente escuchaba hablar con autoridad sobre moral cristiana y algo en ella le hacía sospechar el sometimiento femenino oculto en estos criterios. Hoy viendo la disputa por el tratamiento en las leyes que avanzaban en éstos temas creía estar todavía en el pasado. ¿Es que nunca van a terminar de querer aniquilarnos?

Porque eso era lo que ella sentía bajo el yugo de aquellos dogmas y mandatos.

¿Porqué la Iglesia se opone a todas las leyes de protección a la mujer? Si todos sabemos (o deberíamos saber) que cuando habla de vida está hablando en contra de las leyes que le permiten a la mujer decidir cuando quiere tener un hijo y cuando habla de memoria y recuerda el fervor creyente de Belgrano y los valores perdidos nos está diciendo que nos hemos apartado de la verdad y que debemos recuperar las tradiciones cristianas, el matrimonio exclusivamente heterosexual para garantizar la reproducción con un rol subordinado y dependiente de la mujer, sometida exclusivamente al cuidado de los hijos. Eso quieren recuperar.

Al menos obtuvimos la Patria Potestad compartida, tema casi olvidado pero que como tantos otros derechos negados solo recuperamos hace apenas unos pocos años con la Ley de Divorcio Civil.

Ni que hablar de cómo insistieron con la demonización del divorcio y el eterno lamento y escusa de los hijos. Cuántas mujeres atraparon con eso y ¡cuántas aún tienen atrapadas!

Seguir al marido y depender de él parecía algo justo pero el día que Susana se vio desde aquel otro punto de vista que nos representa cambió de opinión para siempre.

¿Cómo se puede pensar, suponer, transmitir y promover la idea de que la dependencia de un ser humano es deseable? ¿Cómo?, si no es porque detrás de esa idea se ocultan intereses perversos de dominación y esclavitud. ¿Quién sería la fiel servidora esclava y víctima de intereses ajenos sino el vulnerable sexo femenino? Bastaría con escuchar las opiniones que se vertían en congresos eucarísticos acerca del rol diferenciado de la mujer e ir a los ejemplos.

¿Qué hacen las mujeres en la iglesia? Nada diferente a lo que hacen en la sociedad; lavan, planchan, cocinan, atienden a los curas, cuidan a los enfermos y atienden orfanatos. Que sacrificados y abnegados servicios ofrece el género femenino a cambio de ¡NADA!

Como contrapartida de éste rol tan eficientemente definido por los mandatos del orden natural emanado sin discusión directamente de Dios, existe el rol del varón que consiste en tener el poder y la gloria por los siglos de los siglos.

Cualquier mala intención en esta división certera de roles y funciones prescriptos que se sospeche queda lo suficientemente objetada al establecer que los hombres mueren por Dios y por la patria mientras que las mujeres viven para su servicio.

Alguna sospecha de la validez de esas interpretaciones le quedó a Susana y muy a pesar de las enseñanzas recibidas, decidió estudiar. Claro que no encontró lugar alguno dentro de la Iglesia, (cosa que le parecía algo sospechosO pero que teniendo en cuenta lo aprendido aceptaba como lógico). De todos modos respetando aquellas opiniones tomó la decisión de estudiar en la Universidad Pública. Si algo le quedaba claro por aquel entonces, era que había quienes no opinaban lo mismo que los curas.

La Universidad Pública no solo era gratuita (lo que para ella significaba nada más y nada menos que la posibilidad cierta y real de estudiar) sino que además no había ningún motivo para suponer una división de roles y funciones respecto del género dentro de ella.

Susana fue una excelente alumna.

Se casó cuando estaba casi recibida. Claro que teniendo en cuenta el modo de pensar familiar ese "casi" era como tener los estudios hipotecados, pues una mujer casada ya tenía resulta la vida y el título no era más que un elemento decorativo innecesario además de dar por descartado que una vez casada, las obligaciones familiares hacían imposible la posibilidad de seguir estudiando. Y eso era cierto ya que nadie colaboraba con una mujer.

Pero los proyectos de ella eran otros y se recibió a pesar de ser una mujer casada.

Sus planes iban más allá de obtener un título, Susana, quería realmente ejercer su profesión y así lo hizo.

Sus estudios le dieron la posibilidad de tener independencia económica y gracias a eso pudo terminar con un matrimonio indeseable que iba en contra de sus intereses.

Ejerció su profesión y fue madre, y esa fue la etapa más difícil pero también más feliz de su vida.

Sus hijos llenaban cualquier vacío afectivo que le hubiera dado la vida, y disfrutaba de los niños, su alma se mantenía joven gracias a ellos, y ellos le devolvían las ganas de vivir.

Su vida estaba cargada de ilusiones y de sueños, tenía aspiraciones de crecimiento personal en su carrera.

Pasaron así muchos años...

DICTADURAS CULTURALES O DE LA SOCIEDAD

Nacemos en un mundo culturalmente organizado y somos parte de él, nuestro destino está marcado por costumbres, normas, tradiciones y sin darnos cuenta muchas veces dejamos que ellas gobiernen nuestro ser más que nosotros mismos.

La cultura parece ser un dios omnipotente, omnisciente y siempre eterno. El colectivo trasciende al individuo y si bien le debemos parte de nuestro ser a lo social también es cierto de que muchas veces puede operar en nuestra contra. La contradicción que le es inherente, nos clava su puñal, la organización social diferenciada basada siempre en privilegios puede jugarnos una mala pasada.

Cuando somos mujeres eso lo padecemos siempre de manera muy especial. Nuestro posicionamiento en segundo lugar se multiplica al son de cuanta diferencia sociocultural exista. Siempre terminamos en la cocina.

El día domingo era la ocasión para que Susana padeciera más que nunca el tipo de división de roles que detestaba.

Ese día, no reinaba Dios, reinaban los hombres.

Entre las numerosas cosas que le molestaban una de ellas era la programación televisiva. Sorprendentemente los canales se llenaban de un único tema de transmisión, el deporte. Según las preferencias de los hombres de la casa, las opciones podían ser algo más que dos, entre fútbol, automovilismo y alguna otra.

Pero eso no era lo que más la exasperaba, lo peor se presentaba como siempre a la hora de almorzar. Obviamente que las mujeres debían cocinar para toda la familia, alegres por el feliz encuentro. Doble jornada laboral gratuita era el reconocimiento social del día domingo para nosotras, pensaba Susana, y eso hacía de aquellos días, las peores de la semana para ella.

Tediosa organización en la cual las mujeres, no tenían ningún privilegio más que ser las felices anfitrionas de la ocasión, con todo el trabajo que para ellas eso implicaba.

A la tarde la injusticia se perpetuaba en nuevas diferencias a favor de ellos. Los hombres dormían la siesta y las mujeres planchaban la ropa, porque ese era el tiempo que la sobrecargada agenda femenina les permitía tener para esa labor. El resto de la semana, las mujeres "trabajaban", también, afuera de la casa (entiéndase por supuesto).

Domingo de aburridos partidos de futbol que la patria hegemónica nos impone. Es un día más en el que las mujeres pasan el día trabajando y teniendo que servir. Así lo determina la cultura establecida, invadiendo nuestra vida.

Así fue al menos en la vida de Susana, y lo percibió desde niña. Ese lugar de segunda que tanto detestaba la hacía seguir suponiendo que nada había cambiado.

Segunda posición en la mesa, segundo lugar en las conversaciones, segundo lugar en los intereses y porqué no el tercero o cuarto porque después del marido estaban los hijos y solo muy atrás cuando todos hubieran satisfecho sus necesidades venían las mujeres, tal vez, si quedaba algo de tiempo.

Una mención especial merece el tema de las conversaciones. Los hombres, para Susana, siempre tenían temas interesantes, a excepción de cuando hablaban de futbol, hablaban de política, de economía, de ciencias en cambio las mujeres solo hablaban de ropa que lavar, de pañales que cambiar y del último capítulo de la telenovela.

¡Qué ganas de participar en las ofuscadas conversaciones de política debió guardarse para sí mientras crecía!...

También oyó alguna vez aquello de que es mejor para una mujer, no mostrarse más inteligente que el hombre para no correr el riesgo de quedarse soltera.

Éstas y otras "costumbres" que de tan naturalizadas estaban que parecían del orden de los instintos, debió soportar a lo largo de sus primeros años, tal era por entonces todavía la discriminación de género.

Tanto se nos hacen piel las costumbres que cuando no van con nosotros, aún en esos casos, nuestra mente se resiste de mil modos tramposos y suicidas. Eso era lo que le pasaba a ella y por eso escribía, tal vez, solo por la manía de poner por escrito todas sus ideas, pero tal vez para auto convencerse de que ella era DIFERENTE Y NO ESTABA OBLIGADA A SER COMO OTROS QUERÍAN.

Pero había algo más grave que lo que sucedía el día domingo y de lo que estaban obligadas a conversar las mujeres, lo que se ocultaba detrás de ello, lo que se le negaba a la mujer era algo más dañino y perjudicial.

Detrás de toda aquella ocupación de su sí mismo por otros que le negaban la posibilidad de tener lugar y palabra había una negación mucho más dolorosa y denigrante, era la imposibilidad de gozar plenamente era la **negación del DESEO.**

La doble moral impuesta por aquellos **años**, la hipocresía del género masculino, los permisos sociales otorgados a los hombres eran lo que más la hacía sospechar.

Había algo que le hacía suponer cosas horribles que más tarde confirmaría. Este es el capítulo más triste en la vida de Susana, no tanto por la suerte que a ella le tocó correr ya que más o menos pudo construir una vida distinta, sino porque ese triste destino que presentía estaba reservado a todas las mujeres y por una solidaridad casi instintiva respecto de su propio género, eso la hacía sufrir.

Lamentablemente hoy confirma que las relaciones de género entonces existentes no han cambiado. Los avances en la legislación están frenados por las prácticas arraigadas que sutilmente ponen trabas en la implementación o buscaban excusas para no aplicarse.

En una reciente entrevista se había puesto al tanto de la problemática y se había entristecido demasiado. En sus intentos de hacer algo había elaborado un proyecto de educación sexual que también había sido rechazado.

En todas las trabas encontraba siempre dos denominadores comunes, la cultura machista y la oposición de la Iglesia.

Desde los años de su pubertad hasta ahora se sucedían los mismos temas, poco habían cambiado las cosas, las mujeres ahora tenían a donde recurrir, existen organismos del Estado, números gratuitos, comisarías de la mujer y tal vez hasta un refugio seguro frente al maltrato pero seguían sin ser dueñas del goce sexual, condicionadas por los impedimentos para llegar a requerir un tratamiento anticonceptivo, recargadas con hijos que cuidar y mantener también, violadas de manera alarmante, quemadas vívas por sus pareja o ex parejas, con una vida marchitada antes de empezar a ser.

No renegaba de su suerte, se sabía una privilegiada, no solo por haber tenido hijos dentro del matrimonio con leyes de amparo social sino por haber llegado a tenerlos solo cuando ella quiso.

Ella pudo realizar así sus sueños, logró salirse de los rituales predestinados para su vida cotidiana de mujer. Pudo trabajar y ampliar sus horizontes, postergó la sexualidad hasta tanto tuvo la información y los medios que le permitieran decidir sobre su vida y su fertilidad.

Pudo hacer lo que quiso. Por eso, en el fondo, se sentía feliz, muy feliz, a pesar de todo.

PREOCUPACIONES DE UNA NIÑA

Existe la tendencia a suponer que los niños no piensan, que son incapaces de abordar temas generales o abstractos, eso es un error y la escuela debería estar organizada para que los niños puedan plantear sus preguntas más que oír las repuestas que ya están escritas.

Los intereses humanitarios de Susana se vislumbraron desde su más temprana edad cuando clara y simplemente, luego de haber pensado durante algún tiempo acerca del problema, pudo formular aquella pregunta que le hizo a su madre y cuya respuesta jamás olvidó.

Mientras volvían de la casa de su abuela en colectivo habitualmente, pasaban siempre por el barrio Macarone y Susana no podía evitar sorprenderse y mirar las casas de la gente. Un día no soportó más la curiosidad y se dirigió a su madre inquiriéndole la pregunta más agobiante: "¿porque son pobres?".

La respuesta no se hizo esperar y provino de aquel orden simbólico imperante arraigado en el sentido común y que tiene sus fundamentos racionales en el normalismo (que como buen hijo del positivismo desconocía cualquier análisis de tipo histórico cultural que fuera más allá de las simples explicaciones causa-efecto y que tanto le sirvieran a la oligarquía nacional para conservar y reproducir el dominio simbólico), **"porque son vagos"**.

La conclusión no conformó a Susana obviamente y conservó para sí misma la pregunta hasta años posteriores en los que no dejara de abordar la investigación al respecto cada vez que un texto en la universidad llegara a sus manos.

Susana no era una niña como todas, su resistencia a responder al modelo de fabricación de la infancia era demasiado fuerte.

Ella confrontaba vivazmente las presiones culturales que intentaban una y otra vez, de manera despiadada, acomodarla a ese molde de sujeto, que quería convertirla más adelante en un adulto vacuo, superficial, dependiente, sumiso, obediente y fiel cumplidor de los mandatos que convengan a la reproducción de la indiferencia y de la falta de compromiso.

Aquella escena de carros, tirados por caballos, nunca se desprendió de sus retinas. La esperanza de verlos desaparecer se tornó inútil, como inútil fueron tantas esperanzas de los argentinos por décadas.

En el presente los carros siguen existiendo con la única diferencia de que ahora el municipio no los considera más una molestia indeseable. Ahora se llaman cartoneros y tienen la importante función social reconocida de ser quienes ayudaran a desterrar para siempre el volcadero de la ciudad.

La esperanza de ver desaparecer la pobreza, que de niña había acuñado, se transformaba así en la resignación de ver a esos sectores incluidos desde alguna función, menos denigrante que ser los molestos vagos que son pobres porque son haraganes y no quieren trabajar.

Pero esa no era su única preocupación. También recuerda como de niña sufrió el impacto de haberse dado cuenta de que no vivía en democracia y que quienes gobernaban su país eran dictadores.

El estado emocional que aquel descubrimiento le produjo, también quedó grabado en su memoria, un sentimiento de desasosiego difuso, una confusión extraña la invadió. Y una sola idea se fijó en su mente: **la certeza de que tener nueve años la libraba de terribles peligros.** Certeza que la historia se ocupara de confirmar posteriormente.

DICTADURAS MILITARES

Hubo una vez un tiempo de disparatados inventos en el que la palabra d e s
a p a r e c i d o *tuvo un nuevo significado y por primera vez existieron*

huecos en la tierra donde el que estaba perfumando la vida se esfumó de repente y todo se volvió oscuro y triste.

Como agujas de reloj clavadas en una hora se inmoviliza la mirada desde la perspectiva que atraviesa el tiempo y observa en la fijación, la parálisis de todo lo conocido. Anclada la mirada en todo lo visto y conocido hasta este instante, la realidad se transfigura.

Este fue uno de los momentos de la historia que producen ese efecto.

Así sumidas en ese sentimiento de desasosiego que producen los pensamientos detenidos, fija la mirada en aquel punto que converge en el único centro de atención posible, se nos aparece en la memoria LA DICTADURA MILITAR DE 1976 EN ARGENTINA.

¿Dónde se aprende el oficio de encubrir y de callar?

En el miedo, SEGURO QUE EN EL MIEDO.

¿Es posible que los ciudadanos argentinos no supieran lo que estaba pasando si Susana tenía apenas nueve años y si lo sabía o al menos lo presentía todo?

En perspectiva vemos lo que se nos ocultó y lo que no nos animamos a ver en aquel punto ciego indescifrable de la historia.

Siglos llevamos ya de ocultamientos. Absurdos encubrimientos eficaces al servicio del poder, del dominio y del control.

DESAPARECIDOS, TORTURA Y MUERTE PARA IMPONER PRIVILEGIOS Y UN PAÍS VENDIDO, PROYECTO DEL FUTURO SEPULTADO, ARROJADO AL MAR CON ELLOS.

Poderío de decidir quién vive y quien tiene derecho a pensar. MADRES QUE APARECEN Y SORPRENDEN. ¿ES QUE TAN SEGUROS ESTABAN QUE PARIR NO ERA MAS QUE SER MACETA PARA LADRONES DE IDENTIDADES?

La historia se reproduce en la historia de Susana. Dictaduras militares avaladas, discusiones de divorcio, paternidad responsable, negación de métodos anticonceptivos, ¿hasta cuándo querrán someternos al oficio de parir sin derecho a ser dueñas de nuestros hijos?

Subjetividad femenina sojuzgada. Anhelo de ser humanos, condenado.

Ejercicio de parir. **Su dios** nos condenó a que otros decidan el NOMBRE de nuestros hijos.

Presente inaudito sin derecho a decidir nuestra vida y nuestros derechos... escuelas sin educación sexual y mujeres muriendo aún en abortos clandestinos.

Herencias todas de la dictadura, descifrar de conciencias llenas de odio, aferradas a privilegios de ser de una determinada manera, varón y militar...o cura, y marido colmado de privilegios.

Esos eran los modos de ser en el mundo que valían.

La dictadura había pasado y por entonces ya se podían realizar algunas actividades juveniles. Fue cuando decidió ser parte de un movimiento juvenil católico. En ese momento comenzaron a cernirse sobre ella una serie de sospechas que no entendía. Es que parecía ser que para las mentes estrechamente formadas en una mentalidad limitada y limitante, no solo una mujer era una amenaza sino que era inadmisible e impensable que tuviera intereses que fueran más allá de querer casarse y tener hijos.

Y Susana estaba lejos de esos pensamientos, sus intereses estaban centrados en los ideales considerados "propios" de la juventud varonil, es decir, de la juventud propiamente dicha ya que no olvidemos que nuestro idioma solo considera "al Hombre" el represetante universal. (¿Y de verdad podemos creer que las mujeres estamos contenidas en ese concepto? Creo que es un concepto que nos excluye totalmente)

Por eso siempre prefería a los amigos varones, porque era con los únicos que podía compartir charlas apasionadas de política, de historia y de filosofía, siempre bajo la mirada incomprensible de los adultos.

Recuerda con felicidad esos pocos años en el que el bullir de sus inquietudes le dio una vida plena de entusiasmo. Una adolescencia que bajo ese punto de vista fue la mejor de todas sus épocas.

Por eso le duele tanto ver el desencanto de los que atraviesan hoy esa etapa de su vida en el marco de la tristemente célebre postmodernidad. El fenómeno de las tribus urbanas la conmueve, sabe que es entre otras cosas el resultado de una dictadura militar violenta que desarticuló los lazos sociales, coartó la posibilidad de discutir, elegir, pensar, participar y de los supuestos fracasos de la modernidad pregonados por los defensores del capitalismo y promotores del pensamiento unidimensional. Jóvenes que ante la falta de proyectos, de sueños, de utopías se vuelcan desesperadamente a aglutinarse en torno a algún pensamiento que les otorgue identidad. Pelos, peinados, bailes, aros, pensamientos que reflejaban una personalidad desbastada los representan y les otorgaban entidad.

Aquellas tribus urbanas desesperanzadas son el reflejo vivo de los fracasos de los patéticos profetas del fin de la historia y de las utopías.

Esos vendedores de fantasías irrelevantes, esos propagandistas de la desesperanza, florecen por todos lados. Son los difusores del sentimiento de desasosiego en masas, los vendedores de ilusiones volátiles sin raíces en la historia. Herederos de la historia trágica de los argentinos emparentada con los aires mortales de la cultura occidental en decadencia.

Frente a ésta situación aparecen los vendedores de ensueños orientalizados, que proponen un mundo de resignación. Disfrazada de una espiritualidad de la nueva age, se multiplicaban éste tipo de propuestas descontextualizadas, deshistorizadas, en los que la humanidad aparece unida bajo un único espíritu universal de amor etéreo y sin fronteras en el que nada real existe, un modo de pensamiento desencarnado de conflictos que tampoco propone aportar más que otro vacío, y una resignación propia de culturas que nada tienen que ver con la movilidad y el progreso en el pensamiento.

Susana descree de éste tipo de propuestas y no consiente el paradigma mágico del mundo. Lo rechaza, lo cuestiona siempre y solo confía en el saber de la ciencia. No podemos volver a danzar para esperar que llueva.

Ella cree en el progreso, tal vez no indefinido, pero sí seguro de la humanidad. No podía ser de otra manera y el progreso se hace notar a veces. Es evidente la mejora en las condiciones de vida de todos.

Muchos son los signos evidentes de esa mejora en las condiciones de vida; frente a una enfermedad incurable hasta hace unos años como la hemofilia, aparecen tratamientos impensados basados en la ingeniería genética; ante un hecho de violencia social hay cuestionamiento y repudio; los seres humanos, (al menos en su país) no se matan por diferencias de etnias; la prostitución comienza a ser vista como un tema de explotación; los homosexuales adquieren derechos.

Todo lo impensado hace solo un siglo lo había hecho posible el progreso moral de la civilización, que la convivencia social fuera posible, que existieran vacunas y las enfermedades se pudieran diagnosticar y tratar, que los niños supieran todos leer y que las mujeres pudieran ser presidentes.

La esclavitud se había abolido y torturar era un hecho criminal de lesa humanidad, habíamos avanzado y mucho, eso creía Susana.

DE LAS OTRAS DICTADURAS

Siempre se esconde detrás de una alegre máscara de color la más triste y aburrida intención de someter a otro a intereses ajenos a sí mismo.

Susana estuvo sola, como lo estamos todas, a nadie le interesó su destino, ella creía que tal vez alguien hubiera capaz de escuchar su soledad pero eso nunca sucedió.

El destino la atrapó en condiciones tristes, tristes para cualquiera y especialmente para ella. Es que la niña había heredado algún gen que determinaba que fuera sensible...y no podía evitarlo...demasiado sensible leyó un día en un cuento...se quejan de que soy demasiado sensible ¿es que nadie quiere hacer el esfuerzo de cuidar el mundo?

Eso es, eso le preocupo a Susana desde que vio esos carritos tirados a caballo y las humildes casitas del Macarone cuando volvía de visitar a su abuela con su madre y pasaba por allí en un colectivo de línea urbana.

Susana mostro desde su más temprana edad su espíritu inquisitivo y crítico pero nadie lo advirtió.

Había en su corazón una clara transparencia como la de nuestro querido comandante.

Eso era así.

Y tuvo ella que crecer bajo el signo totalitario de miles de dictaduras que pretendían ser invisibles pero que escribían con tinta indeleble.

Dictaduras de roles impuestos, dictaduras de preocupaciones preestablecidas, dictaduras de andar corriendo detrás de intereses mezquinos o de pobres intereses, esas eran las dictaduras que Susana tuvo que soportar.

La adolescencia la sorprendió en la escuela Normal esos ámbitos académicos la salvaron definitivamente de la condena a muerte de su alma, allí comenzó su recorrido por un mundo que en su familia a excepción de sus abuelos no era lo suficientemente valorado. A sus abuelos les debe el haber podido asistir a esa escuela ya que con mucha paciencia insistieron para que ella pudiera ingresar.

Por aquellos tiempos Susana tuvo que hacerse mujer, eso que era una desgracia según su padre, se hacía por fin realidad. Ser mujer era una condición para estar sujeta siempre al dolor había escuchado siempre decir, entonces decidió hacer de esta advertencia una enseñanza para estar prevenida.

Y tomó muchas precauciones, postergó el inicio de su sexualidad por falta de información y seguridad, es que ella no sabía cómo prevenir embarazos y era tan precavida que no corrió ningún riesgo. No podía darse el lujo de arriesgar su futuro. Su deseo de querer estudiar provenía de varios lugares, tenía la sospecha, gracias a su tía, de que había algo más por descubrir en esta vida que por ahora solo soportaba.

Susana se hizo mujer con DETERMINACIÓN DE NO SERLO BAJO LA ESCLAVITUD DE UN MODELO IMPUESTO, INSOPORTABLE.

No obstante por contradicción entre lo que se quiere, se puede y se debe, ella se casó.

Tal vez su tragedia no comenzó ahí, ella vio en ese paso un camino para su LIBERACIÓN.

¿Curiosidad del destino? ¿De qué se liberaba cayendo en las peores cadenas de la esclavitud de la que huía?

Pero fue su única opción posible.

Eso lo sabe bien y por eso no se lo reprocha.

De eso se trata DECIDIR, DE TOMAR LA MEJOR OPCIÓN POSIBLE

Eso fue lo que hizo, condicionada por el ambiente familiar enrarecido por la depresión de su padre, acosada por las culpas que en su conciencia habían sembrado respecto de la sexualidad femenina, imposibilitada por mandato familiar a independizarse sola sin haberse casado, tomó la decisión más importante de su vida y no se arrepiente de ello.

Todos hacemos lo que podemos, y tal vez, algunos hagan un poco más. Susana en aquel momento solo hizo lo que pudo.

Era demasiado noble y respetuosa para contrariar a su familia tomando una decisión que hubiera sido tal vez mejor, la de irse a vivir sola, conseguir un trabajo e independizarse, pero aún hoy siente lo fuerte que son las tradiciones arraigadas, la naturalización de las prácticas sociales hegemónicas y comprende la imposibilidad cierta de concebir bajo aquellas circunstancia otra opción que no fuera la que estuviera dentro de los márgenes preestablecidos por la cultura de la que formaba parte su familia.

ARROGANTES DICTADURAS TODAS

Con cuánta arrogancia se llevan a nuestros hijos, matan nuestras ilusiones y

entierran a nuestros proyectos, con cuanta arrogancia y prepotencia

invaden y sofocan la vida que está presente en todo lo que quiera ser

verdaderamente único y auténtico.

Cualquiera sea su forma, toda dictadura es arrogante, pretende tener la única mirada posible, pretende ser la verdad y esa canallesca pretensión encubre la defensa de intereses inconfesables.

¿Quién puede olvidar la teoría de la seguridad nacional?, seguro es que algunos ni siquiera la conocen y no saben que dividió a la sociedad en santos y pecadores, endemoniando a quienes confesaban una ideología marxista como enemigos de la patria, obligando a la denuncia e implementando la persecución y exterminio.

¡Como desconocer también, argumentos tan trillados como la consideración de que existe una naturaleza de la cosas, un orden natural que nos hace varones y mujeres, llamados por ese mismo orden a casarnos y a tener hijos, asumiendo roles claramente diferenciados y jerárquicos!

Y el culto a la familia numerosa, el endiosamiento de un modelo de mujer sumisa y obediente, asexuada y abnegada hasta el extremo de la negación absoluta de sí misma tan de la mano de todo aquello.

Quien puede negar que los valores de la moral cristiana eran el manto de hipocresía que ocultaba la desfachatez más absoluta.

Por aquellos años, los de su juventud, Susana participaba sin saber demasiado algunas cosas importantes, en un movimiento juvenil católico. Por ello, por esa falta de conocimiento acerca de legitimaciones y sujetos sociales, del poder y los privilegios, colaboraba ingenuamente con quienes eran evidentemente sus enemigos.

Escuchó opiniones a favor de la guerra con Chile por el canal de Beagle, en contra del divorcio, argumentos a favor de las familias numerosas y en contra de los métodos anticonceptivos, sin sospechar demasiado aún de que esas no eran sus palabras, eran las palabras de otros, impuestas a las suyas propias con una sutil intención marcadamente hostil a cualquier interés del género femenino.

Silencios, también dictatoriales, escuchó. Silencio sobre la historia de vida de mujeres heroicas que mostraban al mundo su oposición y su negación de estereotipos dominantes.

Silencios del no hablar, del no te metas o del famoso y no tan olvidado "algo habrán hecho"...

Silencio de los desaparecidos o de los que ya no hablaron más por miedo.

Muchos silencios fueron sus opresores durante años pero paulatinamente se fue liberando de todos ellos a la vez que iba encontrando en la vida social algunos compañeros de lucha.

De a poco su identidad de mujer se fue identificando con otras identidades silenciadas.

Los homosexuales por ejemplo, en las luchas de ellos se reflejaba su rechazo absoluto a los roles estereotipados de la sociedad machista que ella detestaba y viendo como otras personas cuestionaban esos roles desde otras miradas, empezaba a sentir más normal su inadaptación a las reglas socialmente impuestas.

También hoy por ejemplo, descubría el odio hacia su género en aquellas largas argumentaciones a favor de la familia tradicional en los debates sobre la Ley de matrimonio igualitario. La obsesión por el rol tradicional de la maternidad (reforzado todos los años el día de la madre) que encubría una necesidad imperiosa de reproducir un modelo que servía a los intereses de las clases dominantes lamentablemente esta mas vigente de lo que Susana hubiera esperado. Ella era heredera de los sueños de progreso de la modernidad.

Las efervescentes defensas de la guerra contra el Beagle en boca de sujetos que avalaban cualquier forma de dictadura que sirviera para conservar también "valores" que legitimaban el modelo cultural de la Iglesia, fracasada por suerte pero reeditada en ocasión de la guerra de Malvinas reforzó sus temores y angustias.

No hace mucho, justamente para los festejos del bicentenario escuchó atentamente las palabras del Nuncio apostólico en el tedeum de Luján. Los ejes que señaló principalmente el primero en el que hizo referencia a un concepto muy caro en la memoria colectiva de los judíos argentinos y de los mártires de la dictadura como el de MEMORIA. No le costó a Susana reconocer enseguida los viejos conceptos aprendidos en sus años de militancia católica bien acomodados al momento y vaciados del significado histórico-político que tienen para los sujetos que lo han enarbolado como bandera de defensa de derechos humanos. Su discurso, políticamente correcto recuperaba aquel concepto resituándolo y resignificándolo en un contexto que obviamente lo vaciaba totalmente del significado original. El juego discursivo consistió en elegir una figura tan incuestionable como la de Belgrano para "RECORDARNOS" su ferviente devoción a la virgen y a la fe católica y hacer un sutil hincapié en los valores que esa fe representa haciéndonos ver muy "paternalmente" (como es el estilo que utilizan para generar un sentimiento de culpabilidad) que nos estábamos alejando de esos valores. Muy pero muy a continuación ligó "casualmente" los conceptos de VARON Y MUJER y de defensa de la VIDA rematando en un solo paso y en una síntesis brillante (hay que reconocer la genialidad intelectual del Papa) el reproche de que estamos alejándonos de Dios cuando sostenemos leyes que se oponen a la LEY NATURAL (que ya sabemos es la ley que a ellos les conviene) cuando avalamos, o promovemos leyes como la de salud reproductiva o la de matrimonio igualitario.

A ella no le interesó demasiado el resto del discurso, con esto era suficiente y el final le pareció una apología de la esperanza sin contenido político preciso, lo que lo convierte en irrelevante.

La guerra por la mantención de la hegemonía discursiva continúa hay momentos en los que asistimos batallas trascendentes en la vida cultural. 8N, 7N y en el medio o casualidad, aparece un documento claramente político de la Iglesia. Ellos que evitan a toda costa parecer neutrales, con la salvedad de que esperaron unos días para no ser quedar en medio de una controversia (según aclaran) explicitan su claro apoyo al grupo Clarín. Con el lenguaje magisterial al que nos tienen acostumbrados, cuidando la pulcritud para diferenciarse de la "ideología" ya que sus palabras siempre corresponden a la doctrina (es decir a la verdad), advierten tan sospechosamente sobre el recrudecimiento de los antagonismos y las luchas sociales, (por supuesto que sus palabras son otras). También están preocupados (de una manera vergonzosa) por leyes como la de asignación universal. ¿Cómo pueden ser tan ....

No tienen vergüenza de hablar de promoción humana, de dignidad del trabajo y de educación ellos que promueven la mendicidad en el ser humano con sus campañas de cáritas y mantienen mendigos en las puertas de las iglesias porque les atraen público que se siente reconfortado al dar limosna. Los defensores del Evangelio reprochan que una mujer indefensa, embarazada y pobre reciba asistencia del Estado.

Insostenibles son los planteos de la gente en el 8N. No es necesario amigos que abunde en detalle. Todos hemos sido testigos de la crueldad, el egoísmo y la maldad en esas marchas.

Qué difícil descubrir todo esto cuando uno forma parte de ello. Y Susana había nacido en Paraná, una ciudad que recién hoy se percataba, era un centro cultural hegemonizado por los sectores más conservadores de la vida sociocultural.

Sin embargo el tiempo y la experiencia la habían ayudado a construir opiniones y posturas más inteligentes y adecuadas a los intereses de la democracia cultural.

Ese sueño podía ser realidad en su vida hoy, la democracia cultural tal vez había existido alguna vez, antes de esa masacre, la posibilidad de ser aceptados, valorados y queridos por lo que cada uno puede significar para los otros en la singularidad de su identidad propia era un sueño que recién hoy estaba asomando a cumplirse en su vida y en la vida de su país.

EL PUNTO CIEGO

Existen episodios insoslayables en la vida de todos, que nos dejan librados a nuestro propio mundo posible, no ya el que fue sino el que es ahora todo trastocado por el desvío de nuestra mirada hacia otros puntos.

El quiebre absoluto de los sentidos puede producir una crisis de la que parecemos no reponernos nunca, la depresión es el sentimiento que nos invade en esos momentos, una profunda angustia por no entender lo que nos pasa se apodera de nosotros, es entonces, cuando los sentidos se agudizan y comienza a recuperarse la esperanza.

Comenzó así en la historia de Susana una etapa anhelada a la vez que insospechada en la que empezó a recorrer ese camino interno anclado en un presente sin tiempo, sin espacio y sin lugar de pertenencia subjetiva alguna.

Obligada a permanecer inmóvil en su propio pensamiento sin miradas ni pertenencias, no tuvo más opción que verse solo a sí misma desprovista al fin de cualquier invasión cultural, social o familiar a su propio ser.

Ese punto ciego le empezaba a resultar más familiar y más propio que cualquier otro mundo antes conocido cargado de pasados y de miradas pero vacío de su propia experiencia de ser.

Convertida así en sujeto inmóvil, tieso, P A R A L I Z A D A, pero recorrida por un torrente de sangre renovada en su interior se convirtió en dueña de su propio destino por primera vez.

Así, atravesada por el tiempo y sin espacio de pertenencia su imagen transfigurada se superponía entre la suspensión fugaz de todo tiempo y espacio posible.

Este sentimiento de estar aletargada la invadió cuando todo proyecto anteriormente pensado llegó a su fin.

Coincidieron en su vida el agotamiento de un proyecto laboral repleto de encantos y de luchas, el final los momentos de ver crecer a los niños, y la enfermedad que uno de ellos padecía.

Tres hitos que marcaron el final de una historia y el inicio de otra.

Cada una de estas aristas, eran la base de sustentación de su proyecto de vida y cuando en conjunto se derrumbaron, Susana vio su porvenir vacío y sin sentido.

Fue el momento más dramático de su historia, la esperanza se derrumbó, los sueños se cerraron, la ilusión calló en el desencanto, todo pareció morir, el desfallecer pareció presentarse antes de la muerte y fue entonces cuando casi sin querer comenzó a salir el sol.

DICTADURAS DEL PASADO INEXISTENTES AHORA

Es posible recuperarse de las peores circunstancias

Susana ahora desea recuperar-se a sí misma, iniciar su retorno al origen de su *ser* perdido, subyugado. El presente de Susana es su ayer recuperado. La perspectiva histórica de su vida le posibilita una nueva mirada, nuevos desciframientos, salidas de la oscuridad.

Más de veinte años, un camino y muchas huellas desandadas.

Susana recuerda y asiste a su propio renacimiento bajo una nueva luz.

¿Es que todo ha sido enajenación en su vida?

¡Objeción!

No todo

Pues bien,

¡LIBERTAD!

Hoy escribe su libro y piensa...sus palabras son liberación, sus palabras, ¡SUYAS POR FIN! Cuanta carga de júbilo en un adjetivo posesivo. Cuánta emoción de recuperar sus palabras.

Más que nunca se le hacía tan importante la advertencia del poeta Benedetti al observar el cuidado de las palabras, la advertencia sobre el peligro de que nos cambien el significado.

Con una sola palabra, con una sola inversión, según quien la diga y el contexto en el que se diga podemos decir cosas bien opuestas. Por aquello de "los argentinos somos derecho y humanos" ¡POR FAVOR! NO ME CAMBIEN LAS PALABRAS.

NO me cambien el significado de Nacer; que no signifique morir nunca más.

NO me cambien el significado de estar; que no ocurra simplemente un transcurrir.

NO me cambien el significado de ser madre; que no excluya nunca más el derecho de educar.

NO me cambien el significado de sufrir; que no sea nunca más purgar la culpa de creer en un mundo mejor.

NO me cambien el significado de esperar; que no sea nunca más perder la esperanza de volver a verlos con vida.

LA LIBERTAD DE LAS GAVIOTAS

Hay *escasos especímenes raros de encontrar. Seres humanos que se permiten ser libres...*

LAS GAVIOTAS...

TOMEN EN SUS MANOS SUS PROPIAS VIDAS, HAGAN CON ELLAS LO QUE LES PLAZCA, SEAN USTEDES MISMOS A CUALQUIER PRECIO, QUE LA LIBERTAD SE PAGA Y SALE MUY CARA, NO LA PUEDEN COMPRAR CON MAS QUE UN ARDUO ESFUERZO Y CON MUCHO TRABAJO. LA PUEDEN ENCONTRAR RASTREANDO EN SÍ MISMO LAS PRIMIGENIAS PALABRAS QUE DEFINEN SU PROPIO SER, PARA DEJAR DE SER VISTOS, PARA QUE NO HAYA ESPEJOS NI REFLEJOS DE SU IMAGEN, PARA QUE SU IDENTIDAD **SEA** NOBLE, ABSOLUTA Y TOTALMENTE SUYA. NO SE TRATA DE GÉNEROS NI DE ESCLAVITUDES IMPUESTAS, SE TRATA DE ESCAPAR A LAS MIRADAS, A LAS DENOMINACIONES, AL PODER DE LO SOCIAL QUE DEJA MARCAS IMPROPIAS QUE NO NOS PERTENECEN, QUE NO SON NUESTRAS MARCAS Y

NUESTROS CAMINOS. HOMBRES Y MUJERES TODOS FRENTE A NOSOTROS MISMOS DESCUBRIENDO LO QUE SOMOS SIN CLASIFICAR, OBJETAR NI PERTURBAR EL DESEO DEL OTRO, CON EL INTERES TRANSPARENTE DE DEJARNOS SER Y DE AMARNOS.

Que no suceda más un mundo donde la historia se hipoteque y solo existan...

Sueños descarriados

Ilusiones mustias

Corazónes desalentados

Rebeliones marchitas

Anuncia la historia una pregunta sin fin

¿Por dónde andarán las ilusiones tristes?

Y el sentir del juglar le contesta:

Profundizando la letanía del tiempo

Sin llegar nunca al despertar del olvido.

Estrepitosamente se apodera del día una voz

Que recupera lentamente su suspiro de ensueño

Encallado

Fusilado

Tal vez

Solo adormecido

Y parpadean

Ensueños de un corazón roto

De mustias ilusiones calladas en el olvido del sueño

Sin vivir

Llegando tal vez solo a acontecer.

LA SUSPENSIÓN DEL TIEMPO, LA VIDA, LA LIBERTAD, LAS GAVIOTAS...

No todo pertenece a un tiempo y espacio preciso, hay cosas que superan esta determinación espacio-temporal de la vida humana y quedan suspendidas en un tiempo universal y en un espacio indefinido.

Es que la vida cotidiana nos sumerge a veces en una sucesión absurda de tiempos no vividos. Tiempos agotados en la inmediatez de lo superfluo. Tiempos bidimensionales. Ahora Susana asistía al alumbramiento de un tiempo multidimensional. Esa sucesión absurda y sin sentido era transformada por la vivencia subjetiva de estar presentes solo ante sí misma. En esta presencia era interpelada por los SUEÑOS, atraídos hacia ella.

L I B E R T A D gratuitamente descubierta por ese estado de flotación espiritual y anclada en una situación de la cual ya no podrían salir sin estar transformados en **OTRO SER** su **PROPIO SER Y SU LIBERTAD.**

En éste estado casi místico se quedaba muchas veces, recordando, pensando, reflexionando.

Fue en una de esas ocasiones en las que recordó un hecho más de su pasado. Un acontecimiento de su historia. Un verdadero descubrimiento.

MENDOZA

Existen lugares, situaciones, personas, ambientes, que nos hacen descubrir
otro que no conocemos, somos seres relacionales y bajo ciertas
circunstancias diferentes podemos encontrar nuestra esencia

Cuando era chica, Susana a viajaba a Mendoza a visitar a sus abuelos. Ellos habían decidido radicarse allí por cuestiones de salud después de un peregrinar por varios sitios.

Mendoza tenía la particularidad de ponerla en situación de experimentar cosas distintas. En ese lugar se sentía en Paz, no sabía por qué, pero eso era lo que ella experimentaba.

Hoy que puede ver las cosas desde otra perspectiva entiende que aquella estadía le facilitaba desvincularse de las relaciones interpersonales de su entorno conservador de Paraná, con esos estereotipos rígidos de maneras de ser y de entender la realidad que a ella la asfixiaban.

En Mendoza se sentía libre, podía pasear tranquilamente por el parque, sin ningún apuro, mimetizándose con la naturaleza, sintiendo el silencio de los árboles, la melodía infinitamente apaciguadora del agua corriendo por las acequias, el cantar sublime de los pájaros. Aquella era una ocasión sin igual para la poesía, aquello era la paz, aquello era definitivamente el cielo.

Sin embargo, hasta aquel día inolvidable, no había descubierto todo...y podría afirmar que la magia de aquel descubrimiento, era el leiv motiv de sus ulteriores búsquedas existenciales.

La explicación de lo sucedido la encontraría en la dedicatoria que su tía le había dejado como herencia en uno de sus libros, pero aún era muy pronto para encontrar la relación. La dedicatoria decía "Ethelita: para cuando seas grande, quiero que sepas que tu tía escribe, que vive en un extraño mundo de pájaros. Quisiera que tu tengas algún día los mismos asombros".

Ese día subió al departamento de su tía sin sospechar lo que su percepción de niña la harían descubrir. Cuando entró, sintió por primera vez aquellas cosquillas en el alma que la hicieran quedarse perpleja, sola frente a un elemento extraño ;una **máquina de escribir.** Solo una máquina de escribir rodeada de algunos libros y una biblioteca inmensa detrás que completaba el panorama. **Ese lugar era diferente,** ese lugar la marcó para siempre, en ese lugar, en un solo instante de luz, conoció el **INFINITO.**

Susana, había encontrado su vocación, su sentido de la vida quedaba encerrado en esa habitación, y ella ya no pudo escapar. Aquella fue la única prisión que anheló, aquello era una esclavitud diferente, aquello era estar dominada por un dios propio, único, interior, suyo.

Y a partir de ese momento, Susana supo lo que haría en la vida, supo lo mucho que los libros arraigarían en su alma y supo también que ese era su destino de libertad.

TAMBIÉN SUSANA UN DÍA BAILÓ

Cada uno de nosotros tiene guardada en su interior una pasión que lo domina pero que lo hace a la vez libre de cualquier enajenación.

Mendoza no fue el único lugar donde encontró la magia del silencio y de la interioridad.

Una vez, Susana subió a bailar a un escenario.

En aquella breve experiencia, el contacto con la danza quedó guardado en su corazón.

Ella no volvió a experimentar nunca más algo tan impactante para su sensibilidad. La luminosidad, las lentejuelas, el olor del maquillaje, la magia del camarín, los ritmos, y el balanceo del cuerpo al son de los sonidos, hacían un cuadro que la llevaban a un éxtasis de elevación total.

Por esas cosas del destino, sus padres decidieron no enviarla más a estudiar danzas. Sus abuelos no encontraban utilidad alguna a este esfuerzo económico.

Pero Susana no lo olvidó jamás.

La vida se empeñó en negarle esta posibilidad. Pero fue tenaz y lo volvió a intentar mil veces hasta que por fin lo consiguió, contra todo pronóstico.

Ya en la edad de su madurez, consiguió asistir a una escuela de danzas clásicas y por fin pudo bailar.

Ya lleva varios años haciéndolo, y cada vez que sube al escenario, aquella niña aparece y se le ilumina la esencia, y resplandece de júbilo. Se caen las caretas con las que debe enfrentar la dura realidad y la pureza del alma hace tranparente su alegría.

En cada paso ella danza su libertad, en cada lentejuela brilla su alma, en cada color resplandece su alegría, la vida está presente como cielo contingente y real. El paraíso se hace existencia etérea cuando se encienden las luces y se corre el telón.

Su alma de niña pudo hacer realidad su sueño, ese que se empeño en continuar vivo.

Ella era así, nunca renunciaba a una ilusión.

MISTICA DE LA VIDA COTIDIANA

Algunos acontecimientos de la vida cotidiana pueden ser transformados en vivencias profundas si nos dejamos invadir por la inspiración.

Entraba luz por la ventana, el encanto renovado de los nuevos días aleteaba en el ambiente. La habitación olía a reinicios. Siempre hay un nuevo amanecer.

Susana se dejó invadir por esos sentimientos motivados por el tenue sol que brindaba un paisaje de transmutación encantada. Absorta en pensamientos abstractos nada de lo que acontecía a su alrededor podía distraerla de la faena que iniciaba.

Enfermeras y médicos corrían esta vez detrás de una bebé a la que se le había cortado la respiración, no parecía grave la situación pero si de un requerimiento inmediato. Una vez más asistía al espectáculo de la colocación de suero, y ya no se conmovía, estaba tan acostumbrada...Su hijo había nacido con un problema de salud incurable, el pequeño podía hacer una vida normal pero de vez en cuando debía ser asistido y esto le daba a su vida una nueva dimensión. El contacto frecuente con centros de salud hacía que se encontrara en permanente contacto con las enfermedades.

Pero esta mañana la única preocupación era escribir, de todos modos la enfermedad de su hijo no tenía cura y esta sería su vida para siempre así que había decidido adaptarse y por eso solo estaba pendiente de que su hijo no tuviera dolor, nada más le importaba. Su vida ya estaba organizada y su único inconveniente era mantener la concentración en sus cosas sin permitir que nada la distraiga de sus nuevos objetivos.

Habían pasado tres años ya de la decisión tomada de recuperar su vida bajo una organización distinta.

Primero fue el traslado a Paraná, luego hacerse su casa y asegurarse la cercanía del hospital. Ya estaba todo resuelto, ahora solo había que escribir. Y eso decidió hacer.

El nuevo ámbito le permitía abstraerse y estar en "otro lugar" y ese era su modo de sobrevivir. Mientras escribía el mundo insoportable que se cernía a su alrededor desaparecía para ella. Esto era lo peor que hubiera podido sucederle a un alma tan sensible, tener que vivir rodeada de médicos. Intentaba verlo como una excusa para su crecimiento, pero eso solo la conformaba.

Aún llora el bebé.

A pesar de todo los nervios crecen y no lo puede evitar, sus dedos pulsan más rápido el teclado y ya no siente ganas de huir, es lo mejor que pudo lograr, y su hijo además, ya empieza a quejarse del dolor.

Hay que esperar a los médicos.

Los hijos... ¡cuánto amor se observa en esta sala de hospital!

Si algo había aprendido en tantos años era que el amor de los padres es inconmensurable.

Lo había aprendido en su experiencia personal con la maternidad pero también en tantos años de observar todos los sacrificios hechos por los hijos en este centro de salud.

Lágrimas por diagnósticos dramáticos, horas de esperas, sueños incómodos, viajes, ambulancias, urgencias, todo lo había observado y también...la muerte.

¿Qué podía sacar en limpio de todo esto?

El pensamiento postmoderno está condenado al fracaso. Es una mentira, no existe, la vida no es "Light". La coca-cola puede serlo, LA VIDA NO.

Esta contradicción en las tradiciones del pensamiento occidental atravesaron las preocupaciones filosóficas de Susana. ¿Puede ser verdad que la vida es light? ¿Puede ser cierto que se puede vivir sin profundidad, haciendo de cuenta de que el dolor y la muerte no existen?

Proyecto, sacrificio, historia, UTOPÍAS, eran cosas obsoletas para algunos, eran concepciones superadas, o ASESINADAS.

Susana estaba cansada en su experiencia como docente de enfrentarse a estas desilusiones, "desencantos" de la postmodernidad. Y cuando la vida la ponía en situación de observar situaciones límites o de experimentarlas las verdades se hacían evidentes.

¿Es que habiendo tantas dictaduras en el mundo esta era una más que debía soportar?, legiones de gente pretendiendo vivir sin proyectos, sin Utopías…..Triste logro de AQUELLA DICTADURA…

Dictadura del paradigma, sujetos desencantados y pesimistas, múltiples manifestaciones de la misma falta de ser.

Justamente anoche había estado viendo un programa de televisión.

Ahora el bebé se encuentra estable y monitoreado.

Es bueno registrar lo que sucede.

Recordábamos al sujeto moderno.

El cardiólogo dijo que está todo bien.

Si, aquel sujeto de Proyectos…

Que lindos eran los proyectos y que mal cuando fracasan.

Pero lo que parece un fracaso, queda reconstruido cuando hay que vivir en serio. Por más que se esfuercen los seres humanos en hacer como que viven, hay un momento en que la vida los pone en situación de vivir en serio. Se puede huir un tiempo pero no se puede escapar para siempre… TENEMOS QUE ENFRENTAR LA VIDA.

EJERCICIOS DE LIBERTAD

Somos libres cuando nos atrevemos de romper las cadenas del hastío.

Ejercicios de Libertad…

De Rodolfo Walsh

De Alfonsina Storni

De Sor Juana Inés de la Cruz y de Federico García Lorca

Ejercicios de LIBERTAD EL DE TODOS LOS QUE SE NEGARON A CALLAR, A ACEPTAR Y A CONSENTIR

Humilde ejercicio de libertad el de este libro que transita las calles de Paraná, "mi ciudad", como solemos llamarla.
Y mirando el RÍO que inspiró en otras tierras a Heráclito, río que no deja de transcurrir y de ser el mismo al mismo tiempo Susana se refleja en su

ejemplo y se transita a sí misma en una entrega de palabras que intentan tener algún sentido cierto, pero que dejan correr otros posibles en la mirada del lector despierto.

Poseída de innumerables sensaciones nuevas, acontecía el tiempo en un susurro dorado que atravesaba su mente y su alma.

El presente era una instancia cargada de suspicacias del tiempo y todo se presentaba con inéditos mensajes renovados por la distancia.

Treinta y cuatro años habían transcurrido y la ESMA se convertía en el lugar de recupero de la ESPERANZA.

Nada nos deben a nosotros les decía la Presidenta a las madres, nosotros les debemos a Ustedes. En este lugar se enterró la Esperanza, y la dictadura fue derrotada por sus propios muertos, anunciaba en su discurso.

Como explicar el sentimiento de Susana al besar a esas MADRES, "ES UN HONOR" les dijo y se fue sin poder contener la emoción sollozo. Ellas la miraron enternecidas, tan espontáneo e inesperado tal vez fue el saludo. Tal vez estén acostumbradas. El nudo en la garganta fue inocultable y su hijo no dejó de notar las lágrimas que a pesar de su intento de ocultarlas fueron evidentes.

Los héroes de la historia han sido muchos, pero entre todos ellos no hay gesto más conmovedor que el recuerdo de aquellas madres enfrentando lo que NINGUNO DE LOS ARGENTINOS EXCEPTO ELLAS se atrevieron a enfrentar.

Todos fuimos cómplices, eso en la conciencia de Susana estaba muy presente. No solo la desilusión de aquel día cuando en su corta edad llegó a comprender que no vivía en un país democrático y que estaba bajo el régimen de una dictadura sino todos aquellos actos de pequeña cobardía que le arrebataban la conciencia.

Cobardías de la no participación,

Cobardías del no te metas

Cobardías de los silencios

Cobardías de no llamar a las cosas por su nombre

Eternas y siempre repetidas cobardías que hicieron posible esta tragedia y que aún hoy hacen posible que exista un 8N.

Hay ocasiones en que las palabras sobran y es mejor el silencio...

OBSERVACIONES CASUALES

Mirar no es lo mismo que ver, mirar nos hace inteligentes. Mirar es descubrir en lo cotidiano lo sorprendente de lo absurdo que es hacer cotidiano lo maravilloso de vivir.

¿HAY ALGO MÁS CERCANO A LA LOCURA QUE EL VIVIR COTIDIANO EN NUESTRA SOCIEDAD?

Continuidad rutinaria y aburrida. Lugares comunes repetidos por décadas.

Prender la televisión y ver las mismas noticias, los mismos comentarios, los mismos golpeteares de pechos vacuos.

Tomar el tren, el subte o el colectivo, da igual, o viajar en auto, es lo mismo. El tiempo lineal y continuo que inventó la revolución industrial es una continuidad discursiva absurda y vacía de sentido, todo transcurre en la misma frecuencia, como el sonido agudo que marca la muerte en los aparatos de hospital.

La vida que se muestra como la línea sin sentido en el monitor.

Ninguna frecuencia señala alguna discrepancia, solo la monótona similitud de la acción continua y sin sobresaltos. ¿Eso es lo que llaman comunicación audiovisual?

Por suerte existe la ley de medios…

Sin embargo en cierto modo de informar todos los días similares programas de televisión anuncian el despertar del día, y predicen el tiempo, los cortes de calles, y demás noticias que hacen a la monotonía habitual, marcando la rutina acostumbrada.

Nada, ni siquiera los actos de violencia cotidiana sacuden ese TRANSCURRIR ABSURDO.

Nos venden una vida de vacíos existenciales.

El confort, el egoísmo, la superficialidad están de moda.

Hay una programación de la vida que carece de magia.

No es posible sostener demasiado tiempo esta farsa.

Los jóvenes se cansan, inventan ilusiones.

El mundo se convierte en mediocridad y hastío.

La violencia ataca por todos lados.

La disconformidad avanza, el hartazgo carcome, la sociedad se desvanece.

No se puede vivir en un eterno devenir sin sentido, eso es locura.

Lazos rotos por la postmodernidad.

Sujeto fragmentado y desposeído, sin patria y sin tierra, sujeto desvinculado de un proyecto que trajera a su vida el sentido de los esfuerzos, sujeto solo y carente de seguridades, sujeto de hastíos inusuales, desbastado por el poder del consumo de bienes inútiles al alma. Sujeto en definitiva sin dios, es decir, SIN SUEÑOS.

Los asesinos de la historia nos vendieron la mentira de pensarnos sin las utopías.

Los vendedores de ilusiones, nos coronaron de torpezas, haciendo que nos despojemos la historia y nos hipotequemos la esperanza.

Los mercaderes de la hipocresía nos dejaron sin patria, nos ocultaron los miedos y nos vaciaron las venas de la sangre del deseo.

Satisfechos los hombres, se apaciguaron los vientos, arribando a nuestro puerto el peor de los tormentos.

Pues no hace falta estar muerto para sufrir el lamento de no tener patria ni dios ni consuelo y de ser solo un triste transcurrir en el tiempo.

Susana creía en la historia y creía en los sueños, y su patria de a poco le estaba devolviendo la confirmación de ese sueño.

Hubo una vez un gobierno, un proyecto y un pueblo.

Hubo una vez un deseo de sueños.

Hubo una vez un gobierno y un pueblo unidos por un proyecto.

Y luego de tanto empeño por enajenar nuestros tiempos; volvieron al alma del pueblo, casi agotado el empeño, bajo el custodio del viento, un par de gaviotas pingüinas, que nos devolvieron los besos.

LA VIDA ESTÁ PROGRAMADA.

La falta de libertad, convierte la vida de los hombres y mujeres en hastío, en insatisfacción, en violencia, no se puede aceptar la falta de perspectivas sin sufrir un profundo sentimiento de depresión encubierto por los bienes que produce la sociedad para ocultar ese vacío.

Y así es como nos programan el rol, las conductas, las alegrías y las penas. Todo es previsible en el universo del capitalismo postindustrial.

La libertad suele ser una farsa, un engaño, un espejismo.

En términos generales reflexionaba Susana, no es cuestión de la sociedad de consumo, del capitalismo o de la modernidad, es cuestión de relaciones de poder.

La autoconciencia es para los filósofos el lugar de la libertad. Pero la autoconciencia es construcción histórico-social determinada, somos sujetos de ataduras invisibles que nos determinan. La clara conciencia de sí solo se encuentra en el reconocimiento de los tipos de vinculaciones sociales que nos atraviesan.

Años de recorrer caminos de encierro, había otra generación posible, una que hubiera crecido bajo estas tierras en las que los inmigrantes encontraran su hogar; **la de los lazos, la del bicentenario**.

Frente a aquel panorama hostil de todos los días, se alzaba "el otro", el pueblo con identidad y lazos de unión.

En la misma ciudad, la de todos los días, la del anonimato cruel, aparecía como por milagro la otra posibilidad, la ciudad de los vínculos históricos, la de la diversidad de culturas integradas, entrelazadas, interconectadas desde aquel país "inventado" por el proyecto de la generación del 80' que dejó sus marcas para siempre.

Entre Ríos, tierra de tradiciones diversas que apañan otros valores, tierra de un aprender forzado a convivir.

Nieta de inmigrantes en éste suelo cosmopolita, sabedora de desarraigos pero también de la posibilidad de recomposición de las pertenencias era conciente de que no se puede vivir sin origen, sin tradición, sin cultura, sin patria. Sus abuelos le dieron un nuevo suelo que habitar, alejado de las guerras y en ese bicentenario surgían por doquier heterogéneas tradiciones reconstruidas en un mismo sentirse parte.

El anonimato no era bueno, a Susana la desbastaba, tal vez era más sensible a ese sentimiento por ser parte de una historia de desafectaciones y desarraigos.

Cualquiera fuera el motivo, a doscientos años de decisiones transcendentes, un pueblo se reconocía a pesar de todas las desertificaciones posibles en un único color resultante de la integración de dos: el celeste y blanco.

Los trágicos setenta nos negaron la tradición, la cultura, la solidaridad, el compromiso, los lazos sociales.

La postmodernidad completó la tarea.

El proyecto de fracturación cultural que empezara otrora hacía impensable un bicentenario como éste, sin embargo el milagro del pueblo acompañando un proyecto político lo hicieron posible.

Proyecto político y sociedad están íntimamente ligados. La construcción de una ciudadanía argentina, poli semita, trabajadora, fue producto de una utopía social que implicó grandes tragedias, como el extermino de los pueblos originarios, pero hoy esa ciudadanía, estaba siendo recuperada, repensada, proyectada en estos festejos.

No puede haber nación sin unidad, y la unión implica la integración de todos, el respeto por las diferencias y la valoración de lo auténtico, más allá de prejuicios y estereotipos.

El SUJETO POSTMODERNO ha fracasado, irónicamente **LO CONDENÓ A MUERTE LA HISTORIA.**

A MI ME PROGRAMARON EL ROL......

Los estereotipos son siempre malos pero cuando sirven a intereses de sometimiento son definitivamente perversos.

La pitonisa interior de Susana recitó un día: "Recuerdo que soy mujer y si mi rol está programado también lo está el tuyo, varón, pero ¿Cuál es la cruel diferencia que me rasga el alma?

Para ti se reservaron todos los derechos y para mí todas las exclusiones".

¿Dicen que cambió?

Si, tal vez mejoró un poco, Susana no cree que sea para afirmar más que esta apreciación.

En una sociedad en la que NADA SE HACE GRATIS, las mujeres tenemos que parir y criar a los hijos gratis, nadie nos paga por el tiempo de vida perdido ya que cuando queremos recuperar nuestra vida productiva NADIE nos emplea.

LA VIDA PRODUCTIVA QUE LAS MUJERES INVIERTEN EN CRIAR A SUS HIJOS NO ES REMUNERADA POR NADIE ES TIEMPO PERDIDO.

Se sigue suponiendo que NADA de lo que hacemos las mujeres cuando nos ocupamos de cocinar, lavar, planchar, llevar a los chicos a la escuela, al médico etc, etc, etc, es TRABAJO. NADA DE LO QUE HACEMOS LAS MUJERES ES CONSIDERADO TRABAJO PARA NADIE Y ASÍ PERDEMOS AÑOS

DE NUESTRA VIDA REGALANDO LO QUE HACEMOS PARA QUE NADIE LO CONSIDERE VALIOSO.

La subjetividad femenina no ha cambiado. Hoy solo hacemos lo mismo pero con lavarropas. El tiempo disponible para ocuparnos de nosotras mismas tal vez solo es que ahorramos en lavar la ropa a mano, nada más. Incluso mujeres cuyos maridos invierten en costosísimos vehículos no compran lavavajillas y secarropas que evitan el planchado.

Las prácticas sociales no han cambiado y las mujeres viven hoy recargadas como siempre de responsabilidades. Seguimos siendo nosotras las que asumimos la crianza de los hijos. Y a Susana no me parecía una virtud femenina, le parecía una INJUSTICIA.

Susana no lo aceptaba y se desilusionaba mucho cada vez que confirmaba por alguna anécdota circunstancial de la vida cotidiana, que las mujeres no habían tenido ningún cambio paradigmático en la mirada que tenían acerca de sí mismas y de su rol social.

No le quedaba más que aceptarlo y seguir esperando que alguna vez la transformación no pasara solo por tener ayuda tecnológica para las tareas domésticas sino por pensar distinto.

Distinto:

Dejar de ceder el volante del auto y el control remoto al hombre.

Ocuparnos de lavar solamente nuestra propia ropa, y dejar que ellos laven la suya. ¿Acaso ellos no quieren que trabajemos afuera de la casa para no afrontar nuestros gastos?

Asumir la responsabilidad de las decisiones en cualquier rubro de la vida personal o familiar.

No ser las únicas que nos sentamos a hacer las tareas escolares con los hijos y que asistimos a las reuniones de padres.

Que el pediatra deje de encargarnos todas las tareas de alimentación y cuidados a nosotras.

Etc...............................

Todo cuanto hacemos y cuanto padecemos sin reconocimiento alguno, no forma parte de la naturaleza femenina sino que es resultado de la **naturalización de la explotación**, y eso es una condición social construida.

Susana estaba cansada, había sido suficiente abuso, estaba decidida a cambiar las condiciones de su vida. De todos modos reconocía que no existió otra posibilidad histórica que esa, pero el futuro debía ser distinto, las mujeres debían adquirir conciencia de género, este era un terreno inexplotado todavía, la conciencia de clase, era un descubrimiento que debía ser re significado por la mujer.

CRÍTICAS A UNA PROPAGANDA

Qué fácil es cargar sobre otro la responsabilidad de lo que a nosotros nos disgusta hacer.

Obviamente Susana además de lavarropas, tenía lavavajillas hace mucho tiempo.

En ocasiones se imaginaba las críticas de sus adversarios. Recordaba los comentarios de curas que cuestionaban las uñas pintadas de las mujeres haciendo apología de la abnegación y el sacrificio de aquellas que donaban sus días a la humanidad lavando la ropa de su numerosa progenie y ganándose el sustento también planchando o haciendo cualquier enser doméstico. Interminables alabanzas al sojuzgamiento femenino. Se divertía imaginando el horror que para estos machistas enfermos de egoísmo sería verla poner a funcionar el lavavajillas y mantener sus manos tan prolijamente cuidadas como a ella le gustaba.

Una propaganda reciente fue ocasión para que se despertaran en ella aquellos pensamientos que la hacían suponer la ocasión de venganza simbólica ejemplar.

Y se trataba casualmente de una propaganda de lavavajillas la que la hizo imaginar nuevamente aquellas críticas.

La publicidad hacía hincapié en el tiempo libre que tendrían las mujeres para el cuidado de sí misma si compraran este electrodoméstico. Imaginó la furia machista al suponer que tendríamos tiempo disponible para amarnos a nosotras mismas. Y recordó argumentos que hablaban del egoísmo, cargando culpas sobre la mujer, y supuso aquellas argumentaciones endemoniando la publicidad hasta el hartazgo de desahogar todo su odio por nosotras.

Susana había experimentado toda esta tragedia en su vida. Por eso, más que nada por eso, disfrutaba tanto de sus electrodomésticos y se enojaba un poco con las mujeres que no eran lo suficientemente consientes de la necesidad de tener un lavavajillas, es que aquel producto significaba mucho más que el lavarropas, simbólicamente hablando, para la revolución femenina.

LA SEXUALIDAD DE LOS JUGADORES DE FÚTBOL EN EL MUNDIAL

Hay temas que si no nos provocan risa, nos obligan a llorar.

La discusión estaba instalada. O "casualidad" con el advenimiento del mundial, la sexualidad, tan urgente siempre y tan deshumanizada del los hombres era el tema de debate de los medios de comunicación siempre tan sensibles a los "grandes problemas".

La preocupación e interés por saber si los jugadores tendrían su imprescindible descarga era inusualmente incómoda para Susana. Sentía una humillación tan grande al ver a su género públicamente designado como mero objeto de la satisfacción sexual de otro. La vida sexual de la mujer siempre relegada al deseo de otro. Esto era tan doloroso para ella y trataba de tomarlo con humor, ridiculizando el tema.

Desde Petinatto que le decía a Granata que "para eso estan" hasta las vergonzosas exposiciones mediáticas en Tinelli, los medios no paraban de exponer la vergonzosa utilización de personas (MUJERES) para la satisfacción de deseos ajenos como algo normal.

Parece ser que a los hombres, la naturaleza les impone un mandato que no pueden contener. Y nosotras debemos estar al servicio de sus instintos.

Que humillación para ambos, a ella misma le daba vergüenza solo de pensarse hombre con esas características tan vulgares.

El orden social construido por quienes imponen una mirada deshumanizada y deshumanizante de las personas estaba haciendo su trabajo una vez más, convirtiendo a los hombres en feroces consumidores de todo, con una sola capacidad; servirse del mundo, de las cosas y de las mujeres con un egoísmo perverso.

Mentalidad depredadora que ha hecho de la naturaleza, de las mujeres y de todo lo que se les presente como apetitoso una ocasión para satisfacer sus instintos. La mentalidad masculina considerada de ésta manera es destructora, no sabe reponer, reparar, administrar, cultivar, solo sabe servirse de lo que está a su alcance sin reponer nada de lo que utiliza.

Así hablan de sexo, como si fuera un bien a su servicio del cual pueden disponer cada vez que se les antoje y entonces aparece en todos los medios expuesta la ridícula y irrisoria tragedia que se les presenta solo por el hecho de tener una concentración deportiva que les impida satisfacer a su antojo los instintos de mera animalidad. Y se llevan a las novias o esposas, para tener donde depositarlos. Que bajeza en el modo de entender para que existimos las mujeres. Que despreciable modo de ser en el mundo.

Susana sentía su honor herido y manifestaba su disconformidad.

No somos un objeto de placer, INTERCAMBIABLE POR OTRO CUALQUIERA como si la relación sexual estuviera desvinculada del yo.

Pero además, NOSOTRAS TAMBIÉN TENEMOS DERECHO A SER SUJETO DE DESEO. LO MÁS VALIOSO NOS HAN ENAJENADO.

LA OTRA MUJER

Ser mujer es la escusa que algunos utilizan para vivir una vida mediocre.

Como explicar el sentimiento de admiración por alguien que llega justo allí donde el alma se encuentra más herida.

Nada había ofendido más su amor propio que la perversa humillación al género femenino en la figura de mujeres que formaron parte de la historia nacional. En la figura de ellas se criticaba y se desmoralizaba a todas. Esa era la base del sentimiento de profundo agradecimiento que despertaba en ella la figura de la presidenta por ser la ocasión para reivindicar la absoluta capacidad de nosotras para gobernar.

LA PRESIDENTA...la que algunos odian, la que no solo muestra, sino que CONFIRMA que otra mujer es posible, que otra mujer existe, que LA MUJER es un ser humano EXCEPCIONAL.

Llena de coraje (tal vez no me crean pero escribí esto antes de que Néstor la llamara así) y de conocimiento histórico enfrentando con energía y suspicacia a los principales grupos de poder económico del país, dentro de los límites que el modelo de economía vigente impone, aparece su figura incuestionablemente seductora.

Fruto de una política que recupera los principios de la solidaridad social que otrora provocaron persecuciones ideológicas casi sin precedentes, ella es la representante de los que menos tienen.

Y a ella le tocó presidir el Bicentenario.

Ni Susana, ni el resto de los argentinos se imaginaban una fiesta tan maravillosa.

Una celebración única, irrepetible, donde los argentinos se descubrieron a ellos mismos casi como custodiados por esa figura de mujer paradigmática.

Alegría sin igual en las calles, festejo sin episodios de violencia alguna y una M U J E R caminando por las calles, la Presidenta de la Nación.

Reivindicación del género merecida en éste país que tanto insultó antes a quienes fueran figuras representativas solo por el hecho de ser mujeres. Incapaces, fue lo menos que dijeron. Tal vez alguna de ellas si lo mereció, pero cuantos incapaces hombres hubo en la historia nunca fueron tildados de tales por el hecho de ser hombres.

Frente a los que desprecian aún hoy a nuestro género, aparece ELLA, CRISTINA FERNÁNDEZ. Los que la amamos, la amamos cada vez más, a medida que crece el odio reeditado de los que odiaron a Eva y vuelven a insultar, incluso a desearle que se vaya con Néstor.

Tenía que ser una mujer, con la sensibilidad y el buen gusto femenino, la que organizara una conmemoración así. Pero además ¡CUANTA INTELIGENCIA! Que diferente de lo que los medios nos imponen como modelo de género, que lejos de la banalidad, cuanta belleza fina, delicada, púdica, en una persona que cultiva los dones que la naturaleza le ha dado. Por eso despierta la admiración de quienes la aman y el odio de quienes detestan que las mujeres nos apartemos del rol de cosa útil, banal y vacua.

Toda la vida de Susana era una construcción que se empeñaba en negar ese estereotipo de género vinculado a las prácticas machistas. Desde niña había escuchado insultos y desvalorizaciones del género en relación al ejercicio del poder.

Eva Perón la gran menospreciada por su condición de género exclusivamente.

Mujer e inútil eran sinónimos para los hombres que influyeron en la autoconciencia subjetiva de Susana. Eso fue una herida grave para su vulnerable y débil sentimiento de niña y por eso la figura de Cristina se le hacía tan importante.

Cristina representaba la objeción confirmada con hechos a aquellas argumentaciones desprestigiantes del género que la agraviaran en su infancia. Cristina era la OTRA MUJER es decir, ella representaba lo inconcebible para los maestros del odio: que la Belleza, la Inteligencia y la capacidad estuvieran juntas en un ser humano de naturaleza femenina, para decirlo desde su propia concepción del mundo.

Cristina era el GRAN MODELO DE MUJER QUE POR FIN GANABA, era la prueba de que cuando teníamos la oportunidad (es decir, al menos una vez en doscientos años de historia) podíamos demostrar que éramos IGUALES y tal vez hasta MEJORES que los hombres.

Cristina era el Ideal hecho realidad.

Eso era la Presidenta para Susana.

Y por eso la admiraba, la seguía, la ovacionaba cada vez que tenía oportunidad de hacerlo. Solo entonces descubría el placer de ver un ideal representado tan honoríficamente por alguien. CRISTINA SE HABÍA GANADO EL LUGAR DE SER LA PRESIDENTA DE TODOS CON ORGULLO.

Las manifestaciones en facebook confirmaban lo que ella sentía, compartió el bicentenario con muchos otros compañeros que expresaban lo mismo que ella y se hizo de muchos amigos. Ahora participaba de grupos militantes de diversas naturalezas a través de éste medio y descubría muchas mujeres y hombres diferentes a lo que los medios proponían. La sociedad mediática no era tan exitosa como se hacía suponer, la conciencia colectiva se construía por otros canales, misteriosos vínculos históricamente conservados que se reencontraban por internet.

Y un único sentir común que llenaba a Susana de regocijo, POR FIN EL GÉNERO HABÍA SIDO REIVINDICADO EN UN FIGURA.

Y esto quedaría grabado como antes otros recuerdos quedaron guardados en su memoria, en la mente de los niños. Las mujeres ya no seríamos recordadas por nuestra supuesta incapacidad, ni menospreciadas al punto de negarnos la posibilidad de elegir y ser elegidas.

Las mujeres habíamos alcanzado el primer lugar.

Siglos nos costó pero lo logramos y Susana se sentía parte de esa historia que alcanza su punto más álgido en el presente cuando la lucha por el control social del monopolio organiza subrepticiamente el descrédito a la mujer que los enfrenta con valor.

EL PROGRESO HUMANO

La humanidad tiene recorrido un camino largo de superación en algunos aspectos pero otros permanecen intactos en determinadas sociedades ya que no todos vivimos en el siglo XXI, algunos sujetos permanecen todavía en el pensamiento mágico.

¿Podríamos alguna vez arribar a un cambio cualitativo? ¿Podríamos dejar de transmitir imágenes desvinculadas, repetitivas y que solo muestran la reproducción de las formas culturales? ¿Qué diferencia hay entre el joven estudiante que mata a sus compañeros en estados unidos y el mismo caso con alguna variante en argentina? Las crónicas periodísticas dan cuenta de sucesos con la misma connotación cualitativa.

El fútbol como pasión, la violencia de género, el maltrato infantil, la trata de personas, el desamparo en las calles, todos temas presentados de manera sumativa en los medios como si fueran un hecho que se repite como parte del orden natural de las cosas.

Este modo de presentar la información predominante en los medios del monopolio, da cuenta de una forma de pensamiento acrítico del cual Susana siempre fue testigo silenciosa. Los mismos programas televisivos con el mismo formato en la presentación de la información, los mismos modelos escolares en la didáctica, los mismos comentarios en el pensamiento cotidiano de la gente.

Siempre se preguntaba si sería posible superar esos formatos que apuntaban solo a lo anecdótico descriptivo de las situaciones que se presentan.

Susana había tenido una experiencia muy reciente, en su vecindario había sucedido un hecho que no pasó de lo anecdótico pero eso era justamente lo que ella convertía en objeto de su sagaz observación. Era el caso de un vecino que maltrataba a su mujer, sabido por todos y denunciado por nadie. Susana era nueva en el barrio y llegó cuando la tragedia se desencadenó. El hijo mayor había asesinado a su "padre" cansado de ver los malos tratos a los que sometía a su madre. Obviamente el caso estaba siendo tratado en la justicia. A criterio de la mayoría el tema de discusión era el parricidio. La ignorancia y los prejuicios obtusos no sorprendían a Susana pero no dejaban por eso de indignarla. Cómo podía ser que los preconceptos de género operaran hasta en un caso tan obvio y se impusiera el predominio de los intereses masculinos hasta en ésta situación. La discusión le recordaba a los juicios donde el hecho de que la víctima fuera blanca hacía que la sospecha casi mecánicamente cayera sobre alguien negro.

En éste caso, en lugar de poner el hincapié en el hecho del maltrato a la mujer y su desprotección social absoluta (ya que si una mujer no tiene independencia económica cualquier ley de protección es muy vulnerable en su aplicación), la discusión popular se centraba en el parricidio.

Así funcionaban las cosas en el inconsciente colectivo, los temas relevantes se imponían según el grupo de poder hegemónico y ese seguía siendo el del varón…

La verdadera revolución paradigmática tendría mucho que ver con la cuestión del género, filósofos del siglo veinte ya habían advertido sobre ésta situación. Es que el movimiento en un lugar del dispositivo produce corrimientos en los otros y poder ver las cosas a través del ojo de otro (en este caso el de la mujer) movería al resto de las miradas.

El cambio de paradigma era urgente, Susana lo advertía. Poner las cosas bajo las formas de otro tipo de pensamiento; holístico, comprensivo, no sumativo era la clave del acceso a una mejor comprensión de la realidad y esto tenía que ver con incorporar definitivamente las formas femeninas.

RUTINAS DE INSOLIDARIDAD (LA INDIFERENCIA)

Cuando miramos al otro sin vernos a nosotros mismos en él, nos invade el peor de los estados, el que nos quita definitivamente nuestra condición de seres humanos, el que nos hace indiferentes, el estado de insolidaridad.

La falta de solidaridad es la condena de las grandes ciudades, tan alejadas de la casi obligada cordialidad en la vida pueblerina en la que la proximidad de lazos podría decirse que la condiciona. Claro que los vínculos también agotan, marcan, limitan y ordenan pero ¿Qué es mejor se preguntaba Susana? Vivir en una urbe anónima o encontrar en cada esquina a alguien a quien saludar.

Sin embargo la certeza de que otros lugares estaban siendo construidos por los sujetos de un tiempo distinto se confirmaba en cada inicio de sesión en ese nuevo fenómeno de facebook que estaba resultando como la nueva comunidad de este siglo.

Que felices intercambios con amigos y discusiones con otros no tan amigos informáticos a través de este modo de participación. El cansancio de los viejos días en los que la pertenencia a un grupo era cara a cara ahora con ánimos renovados se hacía miembro de numerosos grupos cibernéticos que circulaban por el chat.

Era una actividad muy interesante que venía a llenar el vacío que dejó su alejamiento de la docencia.

Si, el facebook era un nuevo modo de comunicarse en la sociedad y casi no le quedaban dudas, eso cubría en parte también ese sentimiento de soledad que le quedaba cuando en algún viaje transitaba las calles de Buenos Aires y cuando observaba a esos ciudadanos sin comunidad, sin pertenencia y sin grupo que tan tristemente a veces derivaban en las tribus urbanas que aglutinaban a los jóvenes-adolescentes bajo estandartes superfluos y muchas veces rondando el culto a la muerte.

Almas sin ciudadanía ni conciencia histórica, que quedaban a la deriva de cualquier tiranía.

Tato Bores, el queridísimo personaje del humor político argentino, solía citar una frase de Mariano Moreno al empezar su programa "Si los pueblos no se ilustran, si el hombre no conoce lo que sabe lo que puede y lo que se le debe, nuevas ilusiones sucederán a las antiguas y después de vacilar algún tiempo será tal vez su suerte, mudar de tiranos sin destruir la tiranía".

Ese recuerdo se le venía a la mente cuando tenía que convivir con ciudadanos que poco honor a su condición le hacían. ¿Qué derecho tenían éstos "oportunistas con suerte" de la banalidad de los medios de comunicación de difundir su ignorancia, cuánto delito, cuánta apología de superficialidad y la vulgaridad.

Fue cuando se le ocurrió pensar que…

NOS ENTERRARON LA HUMANIDAD

Cuando alguien pretendió matar las ilusiones, sueños y esperanzas de un

porvenir diferente, nos dio el triunfo definitivo porque no se puede sepultar

la eternidad del valor de una vida decidida a ir más allá de cualquier

dominación y pérdida de la fe.

¿Qué es un ser humano sin acción política?

UN ABSURDO

Hoy todos se expresan a través de internet y que alegría que recuperemos esa necesidad y capacidad de acción a través de la palabra.

¿Prohibirán eso alguna vez como prohibieron a los jóvenes reunirse en las calles?

NO NOS OLVIDEMOS,... NUNCA MÁS.

Parece absurda la pregunta pero estemos alertas por las dudas, nunca se sabe donde duermen las dictaduras.

Este fenómeno fascinaba a Susana, pasaba horas en la PC haciendo amistades y opinando de artículos de periódicos, sumándose a grupos y saludando a sus nuevos amigos.

Había descubierto un nuevo modo de estar, entrar y pertenecer al mundo y esto la alegraba. La falta de participación no era algo que ella pudiera soportar demasiado tiempo. A veces pensaba (con mucho miedo) en cómo hubiera sido su vida si hubiera nacido unos pocos años antes. Unos pocos años pensaba siempre...la salvaron del horror y no dejaba de sorprenderse suponiendo esa situación. Consciente era que tal vez hubiera perdido la vida y de que el ser demasiado joven para comprender era uno de los motivos por los que tal vez estaba viva. Se consideraba sobreviviente por cuestiones cronológicas de aquellos trágicos años de la historia de su país. Tan consciente era de que hubiera podido ser una desaparecida si tan solo hubiera tenido cinco años más de edad.

La dictadura en la vida de Susana había dejado huellas indeseables.

Miedo ensordecedor, ocultamientos, frases como "mira para otro lado" "no hables" "no digas nada" eran parte de su legado cultural. Es que todo se sabía, y nadie hablaba nada. Así se vivió en esos años y ella era chica, pero no tonta...

Otro hecho recordado y que fue parte de sus experiencias trágicas, fue el mundial del 78'. Si bien nunca le simpatizó la cultura machista que rodea al deporte, aquel mundial hizo que su reticencia creciera y desde entonces no quiso interesarse más por el fútbol como una forma más de su rebeldía.

LA IGNORANCIA DE FESTEJAR EL TRIUNFO EN EL MUNDIAL 78' MIENTRAS OTROS ARGENTINOS ERAN MASACRADOS NO LO PUEDE OLVIDAR Y NO LO PERDONA.

Tuvo varios incidentes en la escuela que hoy rememora como situaciones que le señalaban la falta de libertad y persecución que se vivía. Recuerda aquella vez en la que la profesora de historia (ya casi finalizada la dictadura) osó mencionar el nombre de Carlos Marx y por esas cosas de la pedagogía, escribirlo en el pizarrón. Qué sorpresa le produjo el hecho de que cuando tocado el timbre del recreo, la profesora, que se había olvidado el escrito, apresuradamente volvió al aula para borrarlo.

Detalles de aquella época, nada más...

Otro incidente futbolero ocurrió durante la guerra de Malvinas, el domingo en que los jóvenes soldados peleaban la batalla final, los adultos pasaban el tiempo escuchando y festejando un partido. ¿Cómo puede haber tanta indiferencia ante las grandes acciones políticas de la historia nacional? ¡CUANTO LA INDIGNÓ SIEMPRE ESTA ACTITUD MALDITA NO DE TODOS POR CIERTO.

¿De dónde proviene tanta ignorancia e indiferencia?

¿De los barcos? ¿Del dolor? ¿De las masacres del pasado silenciadas?

¿Cómo puede un pueblo ser tan INDIFERENTE A LOS PROPIOS MOTIVOS DE LUCHA?

No sabía si alguna vez lograría al menos comprenderlo.

Pero todo esto hacía retumbar más marcadamente aquella frase de "si los pueblos no se ilustran..." que el genial Tato no casualmente tuviera en la presentación inicial de su memorable programa.

Adquirir una ciudadanía consiente y crítica, comprometida con la realidad era un sueño que empezaba a sentirse un poco más real. Pero se aproximaba el mundial y no podía creer que apareciera en los medios impunemente la figura de "Clemente".

Eso la ponía furiosa, ¿Cómo podían volver a cantar eso? Esa hinchada, ese personaje, no era digno de ser aceptado por la cultura popular, Clemente era un delito más de los medios que quedaba impune y reaparecía. Eso era lo que del fútbol rechazaba, ese era el motivo por el que nunca prestaba oídos a la cultura futbolera.

LA RELACIONALIDAD PERDIDA

Sujetos perdidos, sujetos sin sujeción, sujetos desorientados y vacíos, miradas sin rumbo, anulación del ser por la vacuidad de una existencia sin vínculos. La interpelación nos es constitutiva, la autenticidad de lo humano,

solo existe en la intersubjetividad.

Susana advirtió que la gran ciudad tenía efectos no deseados en la vida de las personas. Ella había vivido mucho tiempo en un lugar pequeño, donde los cambios socioculturales no se habían hecho notar tanto. La mega polis le causaba pavor, ansiedad, miedo, desasosiego y angustia y había preferido irse a vivir a un lugar pequeño donde la identidad estaba bien resguardada, donde todos eran Alguien y no Algo, un lugar de pertenecía que le había parecido acogedor al principio.

Pero ahora se encontraba por ciertas circunstancias imprevistas en medio de la inmensidad desértica de la capital federal, donde todos son Nadie, inmensidades desérticas de nombres, que le parecían más crueles que una selva natural.

Nadie sin identidad apresuradamente dirigiéndose a lugares donde seguía siendo nadie ya que la cotidianeidad rutinaria los esperaba sin piedad.

Nadie por todos lados…

Y este anonimato profundo siempre la había conmovido hasta el desasosiego.

¿Quién creó esta sociedad de consumo anónimo, despersonalizado y absurdo?

¿Cómo pueden los seres humanos sobrevivir en ella?

Estas dudas la carcomían porque ella NO PODÍA ACOSTUMBRASE A ESO. Necesitaba el encuentro personal, profundo y con sentido y se sentía una especie en extinción.

A veces, o paradójicamente, en el fenómeno del chat, encontraba esos amigos entrañables que la vida del entorno social más próximo le negaba y se perdía en largas conversaciones sobre temas de los que alguna vez se consideraron humanos.

Amistades virtuales más reales que las personas corporalmente presentes. Eso era así, es que el fenómeno de poder hablar con un supuesto desconocido avivaba la conversación, uno se animaba a compartir cosas que de otro modo solo le confesaría quizás solo al amigo más íntimo. Y así se volvían ricas e interesantes las charlas.

Este es el fenómeno de internet, la nueva gran plaza mundial. Alentador y cálido en un mundo de anonimatos profundos. Algo más que interesante para la vida de Susana ahora.

Tal vez mañana salga el sol, tal vez mañana...pero por hoy esto era lo que había, sus amigos informáticos la hacían conocer muchas historias y así podía ver la suya propia como algo distinto de un fracaso. La mirada de los otros era el mismo punto ciego desde donde poder redimensionar la propia vida. Ver lo que le había sucedido desde la perspectiva del crecimiento y la transformación le devolvía la esperanza.

Otros tantos divorciados como ella le hacían reflexionar sobre la complejidad de las relaciones y sobre lo poco que quedaba de aquel ideal de familia perfecta en el mundo.

Este era el prejuicio más difícil de romper, suponer que la familia normal era la única digna de aprobación y reconocimiento era el obstáculo epistemofílico que más insuperable se le hacía. Tan arraigado estaba en su ser ese prejuicio sobre el que tanto y tanto insistiera la Iglesia en su formación.

Pero la realidad mostraba otra cosa y debía capitalizar las enseñanzas de las experiencias vividas. Desmitificar a la familia tipo era la tarea más difícil de emprender.

Se entristecía profundamente cuando pensaba en el hecho de que sus hijos habían sido abandonados afectivamente por el padre, pero estaba empezando a reconocer que era mejor para ella ser la única referente del amor de sus hijos. Eso le gustaba, no hubiera querido tener la competencia de alguien que no lo mereciera. Y al decir verdad, sus hijos, no sentían la ausencia de esa figura, C O N T R A   T O D O S estaba en condiciones de afirmar que la supuesta importancia del padre era un invento más de la sociedad patriarcal defendida por los estereotipos socioculturales. No era ni más ni menos importante que la madre y sinceramente también estaba en condiciones de asegurar de que lo único que los niños necesitan es A M O R , S E G U R I D A D Y C O N F I A N Z A

Tres cosas que las puede dar **C U A L Q U I E R persona, no importa si es varón, mujer, o gay, NO IMPORTA, POR SOBRE TODAS LAS COSAS ¡HOMOFÓBICOS DEL MUNDO! ¡NO IMPORTA! LA CAPACIDAD DE AMOR NO DEPENDE DEL GÉNERO O DE LA INCLINACIÓN SEXUAL, DEPENDE DEL CORAZÓN DE CADA SER HUMANO.**

La familia es el lugar donde se construyen los vínculos afectivos más importantes y no depende de la presencia de un padre y una madre juntos viviendo bajo el mismo techo solo depende de la **CALIDAD DE LOS VÍNCULOS INTERSUBJETIVOS QUE SE CONSTRUYAN.**

El valor del padre está sobredimensionado.

El chat le empezaba a caer tan simpático, a través de esas largas conversaciones (a veces estaba horas con una persona) podía recrear los espacios de su niñez, las visitas a su abuela, las largas horas con amigas en su adolescencia y aquellos diálogos con Marta, su tía por adopción.

El chat era el nuevo formato de la vinculación. Plaza pública o intimidad de cocina, no importaba donde ni como, lo que importaba era el vínculo que se estableciera y esto sí que estaba posibilitándose con las nuevas tecnologías.

¿INVARIANTES FUNCIONALES O CONSTRUCCIONES SOCIALES?

La sociedad está llena de prejuicio, preconceptos y estereotipos de lo que las cosas son o deben ser, superarlos es nuestra obligación y nuestra única posibilidad de ser libres.

Por dónde empezar para desandar las huellas de un rol social que a Susana le había parecido más cruel e inhumano que cualquier otra vivencia que le hubiera tocado experimentar.

¿Dónde empieza esa construcción social tan perversa que le había negado casi su condición de ser humano?

De todos modos Susana observaba...ahora las mujeres participaban de política y hasta jugaban al fútbol pero... sus comentarios habituales seguían siendo acerca de si habían alcanzado a lavar los platos antes de la movilización o si su ropa estaba colgada en la soga mientras observaban la probabilidad de lluvias. El trabajo doméstico seguía siendo cosa de mujeres y para Susana esto era sinónimo de que NO HABÍA CAMBIADO NADA.

Cabía entonces para ella la pregunta ¿naturaleza femenina o esclavitud social?

Alienación marcada a fuego que aparecía ya como natural. Y Susana seguía sintiendo la misma rebeldía interior de sus primeros años de conciencia.

Y retornaba a ella el recuerdo de los motivos de sor Juana Inés para entrar al convento en aquellas condiciones de vida patéticas de su historia, cuando niña hubo de decirle a su madre que quería ingresar a la Universidad y ella le respondía que eso no lo podían hacer las mujeres, que ella iba a tener el mismo destino de casarse y tener hijos de todos las demás.

Escenas de una película que nunca se despegaron de sus pupilas.

Alienación perversa, exclusión de género, la peor de las desgracias y un solo agradecimiento a la vida en sus labios; EL DE HABER NACIDO EN LA SEGUNDA MITAD DEL SIGLO XX.

Pertenecer al siglo XX era una suerte, pero era consciente del valor de aquellas mujeres que se atrevieron antes, que se atrevieron siempre. Muchas más seguramente de las que nosotros conocemos y nos han llegado por la historia. Es que suponer que hasta el siglo veinte las mujeres no habían existido formaba parte de las construcciones simbólicas culturales. Hasta esto le impusieron a Susana y ahora descubría también que muchas murieron y sufrieron antes y que excluidas de la historia ni siquiera sabíamos de su existencia.

No es que la naturaleza femenina sea sumisa y obediente como le gustarían a los que pertenecen a los grupos dominantes, las mujeres también hemos sido silenciadas como tantos otros, olvidadas y enterradas.

El juego del ocultamiento se aplica a todos sin distinción de ninguna naturaleza, es el juego más parejo que existe. Qué ironía que para perseguir a los sujetos que interpelan al poder, la ley sea estrictamente igual para todos.

Tal vez no era tan inteligente como a veces suponía, no podía entender de otra manera cuan arraigada estaba la represión heredada. Veía como otras personas se permitían ser ellas mismas con tanta mayor naturalidad que ella. ¿Fue débil, vulnerable, demasiado sensible?, todas preguntas que daban por supuesto que había "algo" en el temperamento de Susana que no le permitía crecer.

Pero a pesar de eso, lo mejor de ella era su sagacidad, su tenacidad, su perspicacia, su empeño. Virtudes todas mal vistas en una mujer.

Al fin podía descifrar los mensajes de su alienación y ver crecer su autoestima. Todavía le cuesta creer haber sido tan vulnerable. ¿Porque ella se dejó influenciar tanto? Solo hay una respuesta posible; el hecho de ser una niña durante aquella tragedia nacional la volvió más vulnerable.

ALGUNA VEZ SUSANA CREYÓ EN LOS HOMBRES

Este fue el capítulo más triste de su vida, el que sin lugar a dudas no tuvo
resarcimiento.

Susana no tenía ningún motivo para desconfiar, ella había creído alguna vez en los hombres. Su padre y sus abuelos habían sido buenas personas. Las mujeres de su familia no habían sufrido ningún abandono. Ella y sus primos habían sido criados todos bajo la responsabilidad de un padre.

El modelo familiar aprendido era muy fuerte en ella. Casa y dinero eran cosas que proveían los varones en su familia. Y ella de alguna manera a pesar de todas sus rebeldías esperaba eso todavía. Sentía un gran resentimiento por no haber podido conocer a un hombre que le brindara lo que esperaba.

Pero el presente era bien diferente y poco podía esperarse ya de ellos.

Con el tiempo había comprobado que no solo ya no aportaban nada material sino que además algunas mujeres también tenían que mantenerlos.

Todo esto la alejó definitivamente de los, ya no los quería a su lado, había comprobado que las pérdidas eran superiores a las ganancias y por eso ni siquiera deseaba conocer a alguno.

Una melancólica reminiscencia de lo que alguna vez significaron en su vida los varones de su familia le quedaba, en su corazón hubiera deseado que algún hombre proveedor apareciera alguna vez en su vida, pero ya había decidido que era tarde. Sus hijos ya habían crecido y felizmente la vida gracias a su empeño, le había dado todo lo que alguna vez esperó de un hombre.

Definitivamente, no los necesitaba.

Incuestionablemente, ninguno fue capaz de darle nada.

Ahora el centro de atención sería ella misma.

OTROS SENTIMIENTOS

Alguna vez fuimos esencia de las cosas y en ella nos adormecimos hasta llegar a despertar cubiertos del rocío de los sueños...y los hicimos realidad.

Susana se preguntaba por qué cada vez que iniciaba una relación sentimental sus proyectos pasaban a un segundo plano. Aún no está segura si era porque veía satisfechas sus necesidades afectivas o porque las indudables huellas de los mandatos culturales inscriptas en sus genes la hacían ocupar sin darse cuenta el rol tradicional que tanto rechazaba conscientemente.

Lo cierto es que a los cuarenta y dos años se sentía renacer y lejos estaba de experimentar alguna reminiscencia nostálgica del pasado; todo lo contrario, cada vez se sentía más feliz, mas realizada, con más claridad en sus ideas, y con mas certeza de estar ahora si en condiciones de construir un proyecto de vida personalmente auténtico, libre de prejuicios y estereotipos heredados.

Todo podía ser repensado y reconstruido en la historia nacional de la que formaba parte, ahora sí con posibilidades de participación por el torrente renovador y purificador de las cadenas del pasado angustiante.

Recordemos un poco las condiciones de origen de nuestra heroína ¿Por qué no?

Susana había nacido en una familia tradicional con un padre trabajador y una madre ama de casa. Los vaivenes trágicos de la historia nacional y las consecuencias económicas para los trabajadores, habían deteriorado la calidad de vida de su familia y su padre no tardó en caer en una depresión de la que jamás se recuperó.

La pubertad la sorprendió en medio de ésta vorágine de situaciones adversas.

Con todos sus duelos postergados, emprendió la necesidad imperiosa de construir un porvenir, decidió estudiar así logró varios títulos que la consolidaron su estabilidad laboral.

Con su vida afectiva recompuesta luego de un matrimonio frustrado, con un hombre que jamás tendría interés en responder a sus modestas aspiraciones de formar una familia de clase media que la sumió en una profunda tristeza durante años hoy está a punto de iniciar una nueva vida.

Hoy, agradeciendo la intuición de divorciarse y los años de soledad que le sirvieron para recomponer sus deseos, liberándolos de los mandatos, está de pie.

Es que la peor de las consecuencias y el principal objetivo de la sociedad autoritaria es la alienación del propio yo y esto lo entiende ahora, al superarse luego de largos años de angustia y de caminos sin salida en los que se había metido muchas veces víctima de voces extrañas que habitaban en ella sin saberlo, sin poder identificarlas y sin tampoco poder por tanto eliminarlas totalmente. Voces ajenas que la mantuvieron cautiva de OTROS.

OTROS sujetos de las diferentes dictaduras.

De la maternidad como único objetivo de la vida de la mujer

Del sometimiento a una voluntad supuestamente más apta para tomar decisiones, la del marido

De la racionalidad masculina como más eficiente

Del trabajo doméstico cargado sobre sus espaldas

De la imposibilidad de decidir libremente su goce sexual

Del juzgamiento absoluto e intransigente de su virtud

De la falta de libertad de movimientos

De los lugares de reclusión previstos

De la falta de reconocimiento de su trabajo como válido remunerativamente igual al del varón

De los excesos y las recargas del cuidado de toda la familia

Podríamos seguir enumerando, claro que podríamos...

LA NATURALIZACIÓN DE LAS EXCLUSIONES

Existen diferentes maneras de excluir pero cualquiera de las formas que adquiera el proceso, se hace efectivo cuando se naturaliza.

Ahora Susana descubría que había vivido perteneciendo a un grupo minoritario de gente pero que tenía la gran "virtud" de haberse impuesto como cultura hegemónica.

Se preguntaba cómo era posible que le hubiera llevado tanto tiempo descubrirlo y convencerse de ello.

Solo eso se reprochaba a sí misma.

Pero esto le demostraba **lo mucho, lo arraigado y lo naturalizado que está lo que se nos aparece como única realidad posible.**

Por eso el sentimiento de inadaptación, es que Susana simplemente era auténtica y con su autenticidad cuestionaba ese orden socialmente impuesto como único.

Por aquello de que la familia es la célula básica de la sociedad Susana encontraba en la naturalización de los roles familiares el principio de la dominación social.

La Ley de matrimonio igualitario "socavaba" más que nada aquellos principios fundacionales de nuestra formación social. No le sorprendía entonces para nada las polémicas confrontaciones que ocasionaba éste debate.

Siendo casi un hecho ya la Ley, ahora aparecían obviamente las voces del pasado a impedir que las parejas gay pudieran adoptar. Aparecían todos los prejuicios y las hipocresías sociales y había argumentos que daban nauseas. Pero que felicidad escuchar en boca de otras personas que dejaban claro que la honestidad y la capacidad de amar no dependían de la opción sexual sino de ser buena persona. **Tantos heterosexuales que abandonan a sus hijos**...esa conclusión no sabía bien porqué, (**quizás porque denunciaba más claramente que cualquier otro argumento, el delito más cruel socialmente permitido a los varones heterosexuales, el de abandonar impunemente a sus hijos**), era el argumento que más disfrutaba. ¿Porqué no dejar adoptar a hombres que marcando una gran diferencia de calidad moral, tenían tanto amor para dar y estaban dispuestos a no abandonar a sus hijos? ¿Cuál era la supuesta virtud de los heterosexuales que habían dejado demostrada su irresponsabilidad en el cumplimiento de sus deberes.

Esas discusiones le causaban placer porque además, cuestionaban los roles tradicionales y podía compartir con otros aquello que tanto le había molestado siempre hasta el punto de causarle el más profundo rechazo.

Por fin la sociedad reconocía que para ser mujer u hombre no había un molde forzado y maldito de discriminación y exclusión absoluta, de alienación de su esencia, de impedimento de desarrollo de su ser. Es decir, por fin veía que otros compartían sus sentimientos, que los hacían públicos y por fin veía desvanecerse el modelo en el que había crecido y también por qué no, se sentía un poco más "normal".

Qué empobrecimiento de lo humano reducirnos a la expresión de un solo género extirpando de nosotros mismos cualquier manifestación de signo "¿opuesto?"

Esto de considerar opuestos y excluyentes lo femenino y lo masculino era un motivo más por el que se había sentido discriminada al tener en su personalidad formas femeninas y masculinas igualmente desarrolladas.

EL MULTICULTURALISMO NACIONAL

Ser plural y diverso en una unidad solidaria, es el modo de ser humano más

elemental.

Los festejos por el Bicentenario la ponían en situación de recordar otras diferencias. Sus abuelos habían llegado de Europa, más precisamente de la actual República Checa, por lo que construir su identidad también había sido un arduo trabajo. Como sentirse parte de algo a lo cual recién arribaba a la mitad de su inicio. Sus abuelos habían llegado en 1920, es decir, solo una parte de esta historia pertenecía a su pasado, el resto le era casi desconocido. No sabía si esto le pasaba a otros pero a ella la interpelaba siempre y esta oportunidad de festejos la ponía en situación de terminar de resolver algunas cosas. Ver tanta cantidad de culturas integradas, finalmente unidas en un solo sentimiento de Nación la tranquilizaba, después de todo eso era Argentina un alegre Crisol como diría Pinti. Un crisol sufrido, transparentado en su descendencia como Argentina. Un crisol que finalmente resulto en una construcción histórica inédita y con excelentes posibilidades futuras. Eso se intuía en el Bicentenario no solo porque ese fuera el mensaje de la presidenta sino porque eso era y había resultado Argentina, claro está, si **aprendíamos definitivamente de las tragedias pasadas**.

Pero éste origen cosmopolita era la condición de posibilidad para ser uno de los países que en el mundo poseen una cultura avanzada. Sí, eso creía realmente, un país donde el pensamiento era de vanguardia, donde finalmente habían triunfado conceptos que hacían al respeto y a la igualdad de las personas. Eso sí era un verdadero triunfo de la democracia cultural (concepto clave para la construcción de una vida social justa que Susana había extraído de las lecturas sobre pedagogía crítica).

La democracia cultural nos permitía la igualdad en la participación ciudadana.

Argentina era un alegre crisol, no irónicamente hablando, como Pinti en su famoso monólogo, sino un alegre crisol de verdad.

La avenida del Bicentenario..., solo un hito que representó toda una historia.

El desfile que nos hizo pensar a todos.

Y ELLA, NUESTRA QUERIDA CRISTINA, la que nos devolvió la alegría.

Argentina, un país modelo no solo en cuanto al proyecto económico que nos posiciona como ejemplo para la europa neoliberal sumida en crisis, sino como pueblo que se construye desde la diversidad en el respeto mutuo aunque los desconformes del 8N no lo entiendan así, tal vez por falta de formación político ideológica pero quizás tan solo por el egoísmo de intereses mezquinos.

UNA TAREA PENDIENTE: IGUALDAD DE DERECHOS

Las formas jurídicas a veces, implican reconocimientos que no podemos despreciar, las mujeres, en esto, estaban perdiendo un terreno ganado por siglos.

¿Para qué insistían tanto en el matrimonio igualitario los homosexuales? Para generar derechos.

Eso, que antes las mujeres reconocían como una verdad indiscutida respecto de sus intereses, se estaba perdiendo definitivamente al haberse impuesto la moda de formar pareja. Como si eso le diera igualdad frente al varón, la mujer estaba siendo víctima de un nuevo engaño. Una mentira más que imponían contrariando nuevamente bajo formas sutiles de estafa, nuestros intereses.

Las mujeres, observaba Susana con su habitual perspicacia, ahora no se casaban y eso en lugar de ser un avance, era un grandísimo error, tal vez el más peligroso de todos, ya que ahora a la desigualdad natural reforzada socialmente se le sumaba la desprotección legal.

La mujer había quedado definitivamente DESAMPARADA.

A pesar de su total desagrado y rechazo a la posición reservada para ella en el matrimonio, Susana siempre había sabido (por esos saberes del género que se transmitían de madres a hijas) que casarse "le convenía". Obvio que eso le daba estatus y respeto social. No era lo mismo una mujer soltera que un hombre soltero y eso ella siempre lo había sabido. Al amparo legal y social de ser una mujer casada había que sumarle el claro beneficio para los hijos.

En cambio ahora, las mujeres no se casaban, que triste avance figurativo que no hacía más que reforzar la manera en que los hombres se iban desentendiendo de las obligaciones, pero por supuesto, sin retroceder un solo paso en sus privilegios de género que incluían entre otras cosas, no hacerse cargo de la crianza de los hijos y obtener siempre mejores posiciones a la hora de buscar empleo.

LA ALEGRÍA DE DAR A LUZ y la responsabilidad de los hijos

La maldad tuvo la capacidad de convertir la experiencia más maravillosa de una mujer en una ocasión más para el maltrato.

Aunque a ella no le sucedió sabía del maltrato que sufrían las mujeres en el parto. La gestión burocrática y despersonalizada de los hospitales públicos sumada a los prejuicios de la doble moral y al hecho de que allí solo asistían mujeres pobres hacía de esto una práctica habitual.

La importancia de sentirse contenida, cuidada y consentida en situaciones difíciles era un privilegio de algunas clases sociales al momento de parir un hijo.

LA CONDICIÓN DE VIDA INHUMANA de la mujer especialmente en ciertos sectores de la sociedad la volvían hipersensible y éstos temas la ponían en actitud de defensa.

Cuántos cuidados necesita la mujer cuando es MADRE, cuidados que están íntimamente ligados al bienestar de los NIÑOS. Cuánta falsedad hay en pretender cuidar de ellos mientras se abandona a la madre, se la maltrata, se la desprotege, se la deja abandonada de los cuidados sociales y jamás se le exige al hombre que la acompañe en nada.

Algo se estaba avanzando a partir de la vigencia de la ley de salud reproductiva que tanto costó también conseguir por la oposición de los grupos conservadores de siempre. Pero aún en ese aspecto la responsabilidad siempre recaía en la mujer. Una simple intervención quirúrgica como la vasectomía era impensable prácticamente por cuestiones de cultura. Algo tan sencillo que impediría la muerte en abortos clandestinos de tantas mujeres o las cruentas cirugías para cortar trompas. Todo está previsto para que solo nosotras nos hagamos cargo de la responsabilidad de tener hijos. Y sin embargo cuánto más fácil sería todo si se obligara a los hombres-padres-varones a hacerse cargo de sus hijos ¡TRABAJANDO!

En éste terreno como en tantos otros había mucho por hacer aún. Susana sentía una profunda tristeza por estos hechos y una cierta impotencia también. ¿Cómo llegar a un grado de desarrollo social en el que la lucha de las mujeres por el derecho a abortar en condiciones dignas de salud se transformara en una lucha por obligar a los hombres a hacerse cargo de sus hijos.

¿Cómo es posible que en el siglo XXI, donde abundan métodos para evitar embarazos, sea necesario recurrir a un aborto?

¿Cómo puede haber tanta falta de conciencia y de acciones para proteger a la mujer-niña en situación de riesgo de ser violada por sus propios padres o parientes?

¿Cómo puede seguir impidiendo la Iglesia la implementación de la educación sexual en las escuelas, oponerse al uso de preservativos o al uso de pastillas u otros métodos anticonceptivos?

¿Cómo pueden seguir siendo prácticas habituales encubiertas la pedofilia y la trata?

Pero a pesar de toda la cruel realidad anunciada, para las mujeres que sienten la angustia ante un embarazo no deseado y comprendiendo totalmente la posición de quienes consideran el aborto una solución Susana cree que todo pasa.

La angustia pasa.

Los días de agobio por la crianza de los niños tenen su final.

Los hijos crecen

Y entonces cada sufrimiento, cansancio, sensación de soledad, se converte en paz, alegría, regocijo al contemplar la maravilla de los hijos que indudablemente devuelven el amor que han recibido. Cuando ésta etapa llega, nada hay para envidiarles a aquellos que las dejaron solas o que las maltrataron y violaron y todo es amor. Los hijos que crecen en el contexto de amor y sacrificio materno, son el cien por ciento seguridad en el futuro, compañía, amparo, cariño.

Entonces, aquellos que no los quisieron cuando significaban una faena difícil, cosechan soledad y tristeza. Y es en ese momento cuando se agradece a sí misma haber sido capaz de tenerlos aunque fuera en la circunstancia más dolorosa.

Susana estaba atravesando esa etapa.

ALGO MÁS SOBRE COSTUMBRES MACHISTAS: CULOS, TETAS Y TINELLISSSSSSSSSSSS

Cuando un ser humano es utilizado por otro para la obtención de un beneficio bajo condiciones de indignidad, estamos frente a lo que se ha denominado por siempre e s c l a v i t u d. Esto es lo que hacen los hombres cuando someten a las mujeres a ser su objeto de satisfacción sexual bajo el nombre de prostitución o simplemente en la exposición mediática o pública de sus cuerpos.

Y recordando los temas que a Susana la ponían de pésimo humor no podía faltar un comentario acerca de lo insoportable que se le hacía ver la degradación de su dignidad llevada al extremo de la exhibición impúdica de la belleza de la mujer convertida en un vulgar objeto de consumo sexual. El campo de las carreras de autos era uno de los que detestaba Susana. Esas mujeres de calzas ajustadas sugiriendo de manera grotesca casi servil, era martirizante para su sensibilidad femenina. Ningún dinero ganado justificaba semejante humillación. Así sentía ella.

Asco le daba este modelo de hombre generado por el consumismo mediático y la exaltación de lo puramente erótico en la mujer como si solo fuéramos cosas que se comen.

Malestar que le impedía ver siquiera cinco minutos de un show tan tristemente popular como el de Tinelli. Qué forma tan decadente y grotesca de degradar a la mujer.

Pero lo que más le molestaba era la actitud de las mujeres. Eso se le hacía más intolerable que la exposición obscena por sí misma.

¿Cómo podían prestarse a esa exposición mediática tan humillante?

En una sociedad de consumo todo es intercambiable eso es lo que molesta.

El sexo es válido cuando dos personas se respetan, se valoran y al menos tienen un CONTRATO PAREJO en igualdad de condiciones, la prostitución y éstas prácticas de exposición le parecían una forma más de explotación en el contexto del sistema capitalista de vida. Uno posee el capital (en éste caso el poder de uso sería el capital) y otro pone el trabajo. Así describiría ella este modo de utilización del cuerpo femenino en cualquiera de las formas vigentes.

Cómo no revelarse, como no sentirse agredida, invadida, rebajada por esto. Y lo que más le molestaba era ver como una expresión estéticamente tan rica y bella como el patinaje artístico era rebajado al punto de una bajeza tan vil de ser solo una "ocasión para que" camarógrafos pongan en primer plano "culos y tetas".

ESO REALMENTE LE MOLESTABA.

Pero **ESO** era algo que la conciencia de género todavía no había aprendido, la construcción de aquella estaba muy lejos de reconocer la necesidad de una separación de intereses, la confusión era lo que reinaba. La mentalidad masculina se imponía en todo, los medios estaban "copados" por esta perspectiva y a Susana la enfurecía a tal punto de no querer ver televisión.

Solo veía programas periodísticos en los que no hubiera ningún tipo de discriminación de género y su vida social tenía el mismo criterio. Su participación en lugares o encuentros en los que se veía posicionada como "mujer", como podía ser el boliche los sábados por la noche era ocasión para que cuidara los detalles de entre otras cosas, pagar su propia cuenta. Frecuentar estos lugares donde no se valorara su inteligencia era un desafío y ponía mucho cuidado en vestirse con elegancia pero discresión evitando parecerse en ningún momento al modelo impuesto. Elegía cuidadosamente su ropa, siempre trataba de estar bella y a la moda pero con ese signo de distinción que la ubicara fuera de todo rasgo de frivolidad.

Todas opciones, todas válidas y todas auténticas.

Con algo tienen que entretenerse los seres humanos pensaba a veces y claro, comprendía que cuando el alma está vacía, hay que llenar el espacio con Tinelli y con Ricardo Fort.

Las eternas disputas mediáticas de moda también la divertían, cuando decidía tomarse con sentido del humor las cosas.

Los personajes mediáticos se habían instalado en los medios hacía unos años ya.

Representantes de la sociedad del dinero y de la vacuidad de sentido. Cabeza hueca, le gustaba llamarlo. Exponente máximo de lo que ella detestaba.

Síntesis perfecta de mediocridad.

¿Cuánto tiempo duraban estos personajes?

El tiempo mientras el cual tuvieran la capacidad de reproducir el mismo cuento ornamentado de diversas maneras, todas, iguales, solo que de distinto color y textura.

Así cambiaban de mujer, de novia, de amante de lo que fuera permanentemente, en un ritual circular de eterno retorno. Así reproducían las peleas, discusiones con tal o cual, lo mismo daba. Así días tras días, años, tras años, circulaban por los medios, historias igualmente repetidas, usadas, aburridamente expuestas hasta el hartazgo de la saturación.

Y así la gente se entretenía y perdía su precioso tiempo de vida, como sorprendernos entonces que les preocupe la muerte y que no quieran hablar de ella si toda la vida era una fachada de superficialidad.

No aprender el silencio, no aprender la cultura, no aprender la poesía es el peor de los infiernos y ese era justamente el infierno propuesto por la sociedad mediática.

LA ENFERMEDAD Y LA MUERTE…

La vulnerable naturaleza humana se resiste a aceptar que hay cosas frente a las cuales no queda otra opción que aprender a vivir con ellas.

La enfermedad de su hijo hizo que Susana aceptara que hay cosas que NO TIENEN SOLUCIÓN.

Luego de tantos años ya se había acostumbrado a los tantos predicadores del consuelo que se le acercaban pretendiendo hacerle creer en los milagros. Ella era agnóstica por opción y por convencimiento. Su hijo tenía una enfermedad incurable y NO CREÍA EN LOS MILAGROS. Un milagro era la ciencia, conjunto de conocimientos humanos adquiridos luego de un gran esfuerzo de sistematización y método que era la única respuesta y solución que tenía. Y eran muy eficaces, no necesitaba a dios gracias a que tantos seres humanos objetando aquella idea que interfería con el desarrollo del conocimiento humano, habían desarrollado métodos muy adecuados para el mejoramiento de la salud de su hijo.

De todos modos comprendía la necesidad de la religión pero ella trataba de evitarla.

A lo largo de los años había desarrollado otro tipo de idea, una lo suficientemente alejada de las malas experiencias que la religión tradicional había generado. Una idea de espiritualidad más ligada a lo universal del sentimiento de confraternidad humanos. Pero a ese dios universal humano la acercaban los seres que la ayudaban a vivir. Médicos, amigos y desconocidos que estaban presentes hasta con el gesto más simple de ofrecerle una moneda para poder viajar en colectivo frente a una emergencia. Esos nobles gestos más o menos habituales en la gente cercana o no eran los que la remitían a la bondad que existía en esos hermanos de condición.

Solo en ellos encontraba ESPERANZA.

El dios de Susana existía en cada obra de amor recibida de sus próximos.

Los otros, los gestos de Odio, no contaban, no acreditaban, descalificaban, no sumaban puntos ni en la vida de ella ni en el universo en general.

Nada la había puesto más al límite de la esperanza que éste problema. Pero también había aprendido gracias él que había pocas cosas en la vida que eran realmente dignas de preocupación y le resultaba casi gracioso ver a la gente consumirse por cosas tan insignificantes.

¡Y como las religiones utilizaban la vulnerabilidad de la gente!

Eterno desfilar de cazadores de tristezas dispuestos a vender falsas esperanzas.

El alma humana triste y sola esta proclive a aferrarse a maderas que se hunden también, cuando llega el momento de la falta de respuesta, aparece la perplejidad y la muerte también existe, ningún dios nos salva de ella, la muerte es una realidad.

Es cruel, pero Susana no inventó la muerte, solo la presenció en años de peregrinar por hospitales, y tanta exposición finalmente la liberó del miedo.

Es un hecho, hay que aceptarlo, hay que empoderarse de él y no negarlo.

La negación es el peor de los mecanismos de defensa, a veces nos salva de las angustias insoportables pero solo debemos recurrir a él, si lo necesitamos como salvavidas existencial, por un tiempo.

Tarde o temprano todos debemos aceptar lo que no tiene solución, y esto si no queremos caer en la depresión. Falsas son había aprendido con certeza Susana las teorías del todo puedo tan exitosamente difundidas por la psicología norteamericana. NO PODEMOS TODO, ESO ES MENTIRA, no lo crean nunca, tenemos límites y esos límites son inevitables, en esa aceptación reside verdaderamente NUESTRA FORTALEZA.

Nadie nos puede vender un buzón, dios no existe, el universo es infinitamente sabio pero dios no hace milagros, todo tiene una razón de ser, aun la muerte, todo sucede por un misterioso plan del espíritu universal pero no estamos exentos de las leyes de la naturaleza. Nacer, crecer y morir es lo que nos toca como seres humanos, los vendedores de falsas esperanzas hipotecan nuestro sentido de la realidad y enajenan una vida con sentido de la realidad que pueda transformar lo que nos sea posible.

La ciencia consciente de sus límites resuelve lo que puede y jamás busca explicaciones mágicas, lo que no puede resolver, lo sigue investigando, ese es el espíritu transformador y científico en el que si creía Susana, el que le había dado respuestas acertadas, el que jamás le vendió un buzón.

Susana descreía de las religiones y militaba ese descrédito.

"LA VIDA NO ES PERFECTA"

Existen días verdaderamente tristes en los que las palabras de una amiga

son las únicas que nos pueden consolar

Si aquellas palabras no hubieran sido pronunciadas por su amiga, Susana no las hubiera escuchado.

No es lo mismo.

Podemos oír muchas cosas, pero ninguna nos llega tanto al corazón como lo que nos viene de la mano de un ser querido.

Cuando por fin la odisea de llegar a un segundo diagnóstico respecto de la salud de su hijo y los días en aquel hospital terminaron, la presencia de su amiga se hizo huella en aquellas palabras que la consolaron; *"la vida no es perfecta".*

Y bajo esa nueva lupa observaba ahora su destino.

Miradas hacia atrás y otras en proyección al futuro.

Nuevas miradas y un mismo punto de anclaje,

¿QUIEN FUI, QUIEN SOY Y QUIEN QUIERO SER?

Tres preguntas en un mismo SUEÑO, LA VIDA.

Había decidido cambiar su nombre, por el de Alfonsina, había respondiendo a una nueva esencia, mas rica, más viva, mas personal, ella ya no sería Susana, ahora se sentía renacer como Alfonsina.

Marcas del pasado reinscribiendo una identidad que la hacía más **ELLA.**

¡Cuantas palabras ajenas la habían denominado! **¡Dolor causado por aquellas dictaduras de palabras intrusas que atravesaron su ingenuidad!**

Dolores de enajenación de su sí mismo.

Dolores inciertos.

Dolores marcados en el pasado triste y aburrido.

Hoy la realidad se convertía en otra. Alfonsina Guerrera renacía de un pasado sepultado.

Su deseo de ser de una manera distinta a lo que el estereotipo de género le marcaba era su gran desafío, su único problema.

¿Cómo se vive cuando se nace fuera de los márgenes prescriptos?

¿Cómo se soporta tal angustia del ser?

Denominaciones en un mundo autoritariamente machista como el argentino del pasado en el que vivió ella.

Y hoy la alegría del descubrimiento la embargaba.

Su vida sería distinta a partir de hoy. Haría lo que quería, lo haría con libertad, sin culpas y como una marginada sino en IGUALDAD DE DERECHO DE SER. Ya no vería mas a esos hombres del privilegio del único ser posible con autoridad y derecho sino que ella también lo sería, un auténtico ser de derecho.

¿Porqué arraigó tan hondo en su ser la discriminación de género que sufrió? La respuesta estaba dicha, la niñez la sorprendió inmersa en una tragedia. No lo sabría quizás nunca por qué pero la certeza del dolor estaba y tal vez por sensibilidad inusual, por debilidad psíquica o quién sabe, ella lo sufrió con un sentimiento de debilidad que le fue siempre muy propio.

Pero algo cambiaba definitivamente en su interior, estaba harta de las cosas impuestas. Mundo de hombres, hecho para hombres y para intereses que le eran totalmente ajenos y lo que es peor, perjudicial.

¡Cómo encontrarse a sí misma en esas condiciones de su infancia! Si cada hecho, cada palabra, cada gesto le eran extraños y solo significaban alienación de su ser.

Pero las condiciones habían cambiado definitivamente, ella las había creado, eran las condiciones de vida que había inventado para sí.

El consuelo de su querida amiga valía el doble entonces para ella. La vida no es perfecta pero se puede mejorar. Podemos mejorar nuestras condiciones de vida si ponemos como primer ladrillo de la construcción la NO RESIGNACIÓN, LA NO ACEPTACIÓN DE LO DADO. Toda experiencia negativa tiene su principio de superación en esta certeza, la esperanza está basada en la capacidad para reconocer que lo que está puesto allí como circunstancia adversa, cualquiera sea, tiene su razón de ser en la oposición que le ofrezcamos para hacerla cambiar. Es la lógica de la posibilidad de transformar y es el espíritu occidental por excelencia.

Las diferencias de Susana con el pensamiento mágico, provenían de su formación, indiscutiblemente occidental, la mística de la transformación de las sociedades era el motor de sus sueños.

No aceptaba la sumisión al orden establecido por nadie porque todo orden es una construcción social y como tal representa el interés de alguien.

El objetivo de las luchas sociales cuando desean alcanzar la justicia, es el alguien que nos represente a todos, sin exclusión de raza, género, clase social o religión, ese era el desafío de la humanidad que le gustaba asumir.

Para ello disponía de su capacidad comunicativa y de su fortaleza espiritual.

Su tiempo estaba puesto en aquel objetivo y no sabía vivir bajo otro interés que aquel que la conmovía y movilizaba desde pequeña.

Alfonsina era una luchadora comprometida con su tiempo nunca supo si por naturaleza o por adopción pero lo era, el encanto que encontraba en la vida dependía de la posibilidad de tener una meta por alcanzar.

ALFONSINA GUERRERA y la herencia de su tía.

Cada uno de nosotros, tiene la posibilidad de elegir un nombre que lo represente de manera más original y propia que aquel que recibiera por herencia de sus padres, este es el legítimo derecho a tener una identidad más genuina.

El nombre que le hubiera gustado tener...

No por casualidad lo había elegido para sí y era el que llevaba su alma.

Guerrera por naturaleza y Alfonsina por adopción.

El mar era su amigo y las palabras sus armas bravas.

Solo poseía y nada más.

El horizonte de su historia se presentaba con el anaranjado del atardecer en el mar y el violeta del amanecer, lleno de esperanzas prometía una nueva alborada. Una paz casi desconocida en la tierra invadía su alma al escribir. Otro mundo la habitaba y las palabras eran paz pero también eran lucha comprometida.

Las gaviotas sobre el mar... eso era ella al escribir, una gaviota sobre el mar.

Un único espíritu fundido con los otros en el mismo sueño, en el tenue susurrar del lila sobre el mar.

La VIDA VERDADERA SE ENCONTRABA EN ESE SILENCIO.

Momentos místicos.

Fugacidad eterna de la inspiración.

¿La vida es un sueño o la vida es sueño?

La vida es arte, es mar, es poesía, es danza y es música.

"Ethelita: para cuando seas grande quiero que sepas que tu tía escribe, que vive en un extraño mundo de pájaros. Quisiera que tengas algún día los mismos asombros"

La herencia de su tía estaba escrita en aquella dedicatoria, aquel mensaje incomprendido por años se convirtió en la meta de sus sueños.

Ser poeta, escritora.

El parecido con ella la hacía conmover, ninguna otra persona en el mundo estaba tan ligada a su esencia. Ella era su tía y se encontraban en ese tiempo eterno de los poetas.

Aquel libro "La soledad del muerto" le transmitió también esa idea conmovedora de que no existe el tiempo, que la subjetividad es relacional y de que todos estamos presente siempre para todos en ese momento único del encuentro universal.

Ninguna como ésta idea había colaborado tanto en el concepto de dios que ahora tenía Susana y que tanto la ayudaría a encontrarse acompañada más allá del espacio real por aquellos que tenían su misma alma en la diversidad infinita del mágico universo espiritual.

EL PRESENTE

Todo lo transcurrido en mí habita en el hoy y es al mismo tiempo mañana. Todo lo que ha sucedido está presente y se proyecta. Así construimos nuestro presente actuando en el pasado y vemos nuestro futuro hecho realidad.

Comenzaba a renacer, al son de los nuevos tiempos, tiempos posmodernos para los que tenía tantas objeciones pero que sin embargo eran el vehículo en el que necesariamente se movía su propia historia.

En viejos libros que recordaba encontraba las críticas y objeciones a los tiempos posmodernos; desencantos, pérdida de proyectos, subjetividades desencajadas de la historia, alienación de tiempos volátiles, fugaces y sin sueños, en definitiva, perdida de las utopías que ahora desde este nuevo punto de vista Alfonsina utilizaba para redefinir su propio proyecto.

Pero desde otro lugar también, final de la alienación que implicaba la uniformidad, la hegemonía de miradas. Y bien sabía que esto la beneficiaba y bien agradecía la ruptura de los términos monopólicos del saber.

En tiempos postmodernos todo era objeto de reformulación y eso podía ser liberador. Alguna vez escuchó que cada siglo era recordado por una conquista y que el siglo veinte sería recordado por la incorporación del género femenino a la categoría de lo humano. Más o menos eso escuchó. Y hoy como nunca la historia lo estaba confirmando.

La postmodernidad le debía algo todavía, la valoración no diferenciada dentro de una estructura jerárquica de sus intereses, que tan vapuleados resultaban siempre.

Qué raro resultaba ponerse en sintonía consigo misma. Qué extraño responderse solo a sí.

Tan sometía había estado...

Pero ahora recitaba sus propias poesías.

Como te digo que te amo

Si te escapas

Y te reconozco en cada suspiro

Que interpreta la luz de lo prohibido que habita en mí.

Como me acerco a tu presencia

Si estás ahí y me contengo

Con cada pensamiento que me produce

Arrebato de amor

Que no confieso

Como me uno a ti

Si estás en mí y en tu mirada

Que reconozco mía

Casi como espejo de una luz que me desnuda

Te me agotas

Espérame, llegaré a tu piel

Será en abril

Y entraré a tu rostro

Que perfumará de azahares nuestra habitación.

Y será la vida

Que por fin nos iluminará

Y lejos, atrás, será el ayer.

Y por delante nuestro

El velero libertad cargado de flores

Nos llevará hasta Dios.

Cuánta alegría de vivir sentía, la poesía venía a llenarle el alma, los hijos, la danza, el río...nuevos amores de Alfonsina, antes no había podido conocer y redescubiertos ahora.

Alfonsina se ocupaba ahora de sí misma y por fin era feliz. Estaba viviendo la adolescencia normal que postergó hasta ahora. Se había construido el piso sobre el cual poder ser adolescente y elaborar sus duelos, sus temores, sus deseos, sus proyectos y disfrutar sin más de sí misma y de su vida. Antes no pudo hacerlo...

Ahora estaba tranquila, no solo la amparaba la democracia y una libertad de expresión jamás antes vivida sino que además no tenía preocupaciones económicas.

No era rica en absoluto pero tenía lo necesario para vivir con dignidad.

Disponía de horas para sus hobbies y eso, SOLO ESO, la hacía feliz, ESO…ERA LIBERTAD.

Tantos años había perdido.

El futuro es hoy. Esto lo confirmaba cada vez que pensaba en los esfuerzos del ayer que le permitían hoy gozar de esto. Pensaba en una futura pareja, ¿cómo sería?, si aún le quedaran ganas. ¿Qué errores no debería volver a cometer?; y se ejercitaba para crear el hábito de las cosas que nunca hizo.

Cada día tenía su programa y se empeñaba en realizarlo en la medida de las posibilidades. Danza, club, caminatas, remo, pileta, literatura, poesía, música. Todo era posible ahora y todo era deseable y esperable con ansias. Tenía el sabor de lo prohibido, porque la libertad de ser le había sido negada siempre. LIBERTAD DE SER. Repetía incansablemente éste concepto, debía memorizarlo casi de tan poco aprendido que estaba en su experiencia anterior.

Ahora el libro, era la hora de su libro, el tan mentado siempre añorado y no lo suficientemente planeado. Pero en fin, ya estaba en marcha, después de todo también había aprendido que no todo lo planificado sale bien y que el azar muchas veces es la sal de la vida. Había descubierto las posibilidades de lo imprevisto.

El futuro se le aparecía incierto como antes, en realidad como siempre es el futuro, sino que ahora eso no la alarmaba, la estimulaba a lanzarse en la nueva aventura.

El futuro sería una nueva libertad.

Conseguida con lágrimas del pasado.

Necesarias lágrimas que sellaron una experiencia.

Para empezar a ser un ser humano...sin más.

SUEÑOS

Todo está pensado para que no lleguemos nunca a ver desde otro lugar las

cosas que ocurren bajo el cielo en que nos toca nacer

Se le había ocurrido un día imaginar un cielo de gaviotas y un horizonte infinito para habitar todas sus ilusiones y sueños. Ese era el futuro que imaginaba porque ahora todo estaba en sus manos.

En ese porvenir estaba la paz, ese porvenir debía ser hoy, era la edad madura de reposar sobre los logros y reconstruir la vida por sobre los errores del pasado.

De eso se trataba la madurez, cuántos prejuicios respecto de esto también. Obligados a querer eternizar la juventud si valorar suficientemente nunca los beneficios de una vida "vivida" desde la plenitud con el beneficio de poder decidir enriquecidos por la experiencia acumulada.

En éste momento valoraba más que nunca los años pasados que le permitían una nueva mirada, nuevas valoraciones, y nuevas creaciones.

Había un proyecto que estaba consolidándose, ella ya estaba siendo como siempre había querido.

Lo que no pudo hacer por ella misma pudo hacerlo por sus hijos, y esa fue la gran enseñanza que la maternidad le dejó. Ahora llegaba el tiempo de quererse a sí misma como había amado a sus hijos.

Por algún motivo no pudo aprender esto antes.

RESPECTO DEL AMOR

Llega un tiempo en el que nos preguntamos, ¿para qué me sirve?, la experiencia de estar enamorados tarde o temprano da lugar a una manera más realista de ver las cosas.

Alfonsina ya no se haría cargo de medio ser humano, para formar pareja quería un ser humano completo, no sería más el custodio de las negligencias de nadie. Ella había tenido hacerse cargo de toda su persona y exigiría lo mismo. Nadie que no fuera responsable de haberse cuidado a sí mismo sería incluido en su vida. Ninguna carga más para ella, ahora quería colaboraciones.

El hombre de sus sueños tal vez no existía porque no formaba parte de las formas culturales en que son educados los varones, debiera ser alguien a quien el destino lo hubiera obligado a aprender todo aquello que la cultura le había negado.

Si lo encontraba estaba bien y si no también.

Lamentaba su soledad pero en días de lluvia la amaba más que nunca. El mal tiempo era la ocasión para que vivieran los muertos. Esta expresión se le había ocurrido gracias al aporte de su tía, en su libro maravilloso, no suficientemente valorado, de corte surrealista, donde se planteaban ideas tan profundamente sentidas como ésta de que las personas vivas, todas aquellas que en realidad vivían sumidas en los vaivenes de la cotidianeidad alienante, estaban en realidad muertas y que solo aquellas que eran capaces de superar a través de la espiritualidad aquellas vanidades, eran las que realmente vivían. Por eso lo de los días de lluvia. Sólo los poetas podían valorar suficientemente el silencio y el misticismo de los días silenciosos. Por eso amaba más su soledad en estos días. Los otros siempre llenan de ruido la vida, solo la soledad y el silencio que de ella emana nos puede transportar a la orilla del mar donde se escuchan a las almas humanas cantar el himno eterno de la paz.

Todo esto se le ocurría pensar sólo cuando estaba en silencio y no añoraba para nada las prácticas rutinarias y aburridas de quienes vivían bajo las estrictas normas sociales de la cultura habitual.

Si encontraba un compañero, este tendría que saber valorarla y comprender lo extraño y diferente que pudiera parecerle a otros su mundo de pájaros, aquel que hubiera heredado de su tía.

Sin embargo la soledad le seguía pareciendo la mejor opción por el momento, teme que tal vez se le arraigue en el cuerpo pero más teme, volver a caer en vínculos que le son enajenantes.

Lejos, muy lejos de sentir algún pesar por ello, la soledad le brinda una riqueza inusual en su vida, una ocasión para la interioridad y el goce de una vida que iba llegando apaciblemente a su madurez.

TAMBIÉN ELLA SE ENAMORÓ UNA VEZ...

¿Qué es el amor? es la pregunta más "gastada" por los seres humanos. Creo que no podemos llegar a un concepto y solo se puede describir lo que nos pasa cuando estamos en éste estado.

Y claro que se enamoró una vez y no hay explicación...solo sucedió. Fue amor a primera vista, sí que eso fue y ambos lo sintieron. Fue una historia maravillosa que siempre recordará como una de las experiencias más fuertes de su vida. Aún le cuesta olvidar, en realidad ya no cree en el olvido, solo cree en que solo enamorarse no alcanza, hacen falta muchas cosas para poder continuar junto a la persona amada.

No es posible olvidar, solo es posible aprender de los errores y saber qué cosas son necesarias también para tener en cuenta la próxima vez que suceda.

Todavía no le ha sucedido, y espera que tal vez ocurra pero con haber podido experimentarlo una vez está conforme, peor que perder el amor es no haberlo conocido, de eso está segura.

Que suceda el amor no tiene explicación, solo pasa quizás entre dos personas que por algún motivo desconocido pero muy fuerte se sienten atraídas una a la otra.

Lo que ocurre luego, depende de la libertad, la madurez, el compromiso, de cuánto estén dispuestos a renunciar al egoísmo por la persona amada, ese es el secreto que aprendió al costo de su propio amor perdido. Por eso, solo le quedaba esperar que volviera a suceder.

¿Por qué no volvía? ¿Por qué no lo buscaba? Susana prefería no decírselo a nadie, ella sabía en su interior muy bien que era imposible, probó todo antes de marcharse, nunca tomaba una decisión sin haber agotado todos los medios disponibles y posibles y eso era caso resuelto en su vida. Jamás volvería.

Sin alguna vez se vuelve a enamorar no será igual, eso también lo sabe, pero tiene la esperanza de que al menos sea parecido.

En el fondo supone muy a su pesar de que nunca encontrará un amor así, y tal vez tan feliz fue que ni siquiera lo desea, el capital acumulado de aquella vez le alcanza para seguir disfrutando solo de los recuerdos. Fue la experiencia más maravillosa de su vida, fueron los simples momentos de la vida cotidiana más intensamente deleitados.

Lúgubre atardecer de nostalgias pasadas

Rescato en ti la mirada del olvido

Que no habita más en mi memoria callada

Sino que transita un mundo de hastíos

Y en cuanto a ti amor deshabitado te digo:

Burda monotonía de vivir sin ti

Buscando un rostro que te represente

Amor sin osadías ni sosiegos descansa ya

Eres agonía de un llanto primitivo y austero

Que dejó rodar la luz sin llamas

Cayendo en un letargo sin rumbo

Hondo desasosiego

Profunda letanía sin nombre

Oscuridad

Silencio en los atardeceres de invierno

Hojas secas de un otoño marchito

Palpitar de un corazón gastado

Lúgubre presencia del vacío

Nadie en mí, reconoció tu ausencia

Vaguedad furtiva, sentimiento muerto

Como insospechada vida habitó el cadáver

Habitas en mí sin huellas de olvidos

OTROS AMORES...TAMBIÉN TUVO

La heterogeneidad de experiencias sería una virtud si tuviéramos la capacidad de salir ilesos de situaciones que nos hacen daño, esta capacidad es difícil de desarrollarla en los años de inexperiencia para ello es necesario una cierta frialdad de perspectiva y muchas veces salimos perjudicados de ellas.

La perspectiva masculina de la vida, también en el amor, era la que siempre había conocido, por ser la culturalmente hegemónica. El género femenino recién estaba aprendiendo a ver las cosas como ellos y a evitarse así daños innecesarios.

Aprender a medir el grado de compromiso que se asume en cada relación era imprescindible. Descubrió que todo es cuestión de educación y que a las mujeres y solo a ellas les enseñaban a comprometerse siempre hasta el final con todo.

Aprendió a manejar también esto, aprendió que nadie dice toda la verdad y aprendió también a ocultar.

Amar sin límites fue algo que hizo solo aquella vez y no se arrepiente, pero no lo volvería a hacer...

Tantas veces intentó dar, tantas veces no recibió nada.

Así fue y ya no lo lamenta, lo que si desea es no volver atrás.

Su futuro será distinto, aprendería a dar solo a quienes supieran hacer lo mismo, y aprendería a no hacerse cargo de errores ajenos.

¿Para qué recordar los amores pasados?

Si **en la tristeza implícita de los ojos cansados se encuentra un retornar eterno de los sabores de la primavera.**

Los hombres pasan, pero hay cosas que quedan.

Queda la fuerza con la que fuimos capaces de entregarnos al amor.

Queda la posibilidad de volver a amar.

Queda la esperanza de sentirnos vivos.

Queda la libertad de empezar de nuevo.

Queda la ilusión de ser feliz de mil maneras distintas.

Recuerdos del pasado..., un amor perdido y la esperanza de un nuevo acontecer.

LA FALTA DE CONFIANZA EN SÍ MISMA

La educación pende de dos excesos, un extremo es la falta de límites y el otro la sobreprotección, poder crear un clima de seguridad y confianza es fundamental para el niño.

Alfonsina reconoce un gran defecto en su formación. No sabe exactamente cuál es el origen del miedo de sus padres pero reconoce que por ese miedo, ella no pudo desarrollar la suficiente confianza en sí misma y eso fue lo que la tuvo atada a un sentimiento de ansiedad excesivamente constante.

Entre todas las cosas que debería rediseñar, adquirir esa confianza era lo que más le costaría. Todos los días se ejercitaba en ella. Desde salir a caminar o tomar la decisión de ir a nadar eran un gran desafío.

Adquirir seguridad era su propósito en él empeñaría su tiempo.

Cuantos temores de niña no resueltos debía enfrentar a cada paso.

A veces cuando veía actuar a la gente se sorprendía.

Ella no conocía demasiado de orgullos personales y más bien siempre había sido anulada.

Demasiado nobleza quizás, o debilidad.

Pero su sí mismo era susceptible, no soportaba los egoísmos.

Como construirse una personalidad segura de sí sin herir los sentimientos de nadie.

¿Porqué otro para reafirmarse necesita lastimar?

Esto era lo que ella se negaba a hacer.

A veces en éste nuevo empeño se oponía y despertaba la bronca pero era necesario, también había aprendido que cuando uno deja pasar la primera vez, el otro nos impone sus intereses siempre.

Si era necesario luchar ahora un poco, lo hacía.

Su antiguo sistema de quedarse callada le había costado demasiado.

Buscaría la forma de obligar al reconocimiento de sí al otro aunque para ello tuviera que ejercer alguna violencia.

Así estaba llegando a exigir respeto por su persona.

Había sido una tarea muy compleja pero al fin también en esto sentía que su camino ya estaba consolidado.

ALFONSINA TAMBIÉN FUE DOCENTE

Sobre educación podemos decir algo más que remitir el hecho de que el término proviene de dos vertientes como educare y educcere. Sobre educación, podemos decir además entre otras cosas que no podemos hacernos humanos sin ella.

Pero sobre esto no tiene de qué quejarse. El único aspecto de su vida que no fue teñido de determinaciones sociales fue su trabajo profesional. En el Instituto, como todos lo llaman, ella siempre pudo ser quien quiso. Ahí no era mujer, ahí era Profesora, y ese título la ponía en igualdad de condiciones absolutas. Ningún condicionante de género se aplicaba a esa categoría, ningún hombre podía hacerla sentir inferior.

Siendo docente, Alfonsina se sentía libre y feliz. Los años que dedicó a su carrera la llenaron de alegrías y satisfacciones. Sus alumnos la amaban, ella era casi una MAESTRA.

Diversas funciones cumplió, no solo les enseñó a pensar sino a hacer prácticos esos pensamientos.

Por supuesto que sus posiciones siempre contrarias a la hegemonía le hicieron ganarse enemigos aquí también. Pero eso no le importaba, al contrario, eso era el condimento infaltable de su proyecto.

Paulatinamente fue conformando una postura particular y propia respecto a los diversos temas. Esa postura la llevó con el tiempo a darse cuenta que definitivamente el problema educativo no pasaba por las escuelas.´

Esta hipótesis osada, la alejó de los ámbitos académicos formales y decidió emprender otro tipo de tareas que la pudieran hacer poner en vigencia su interés por la mejora de la vida social.

Así emprendió otro tipo de actividades que alguna vez serán objeto de otra historia.

Pero lo que Alfonsina descubrió y quiere compartir ahora es que las escuelas no pueden hacerse cargo del problema social.

No pueden porque no les compete, el problema educativo es un problema social. Sarmiento lo sabía. Las discusiones en el siglo XIX en Argentina, no giraron en torno al problema de la pedagogía, sino en torno al problema social. Las discusiones por lo tanto en el presente estaban fuera de centro. No podía discutirse un modelo de escuela cuando la sociedad no tenía claro su proyecto.

En una historia nacional en recomposición, con importantes opositores al proyecto actual, con tanta ignorancia manifestada en las manifestaciones del 8N respecto a los valores de democracia y ciudadanía que debían integrarnos, es imposible repensar la escuela.

La sociedad se debe un debate, la sociedad se debe unas decisiones importantes que sostener y mientras esto no suceda la escuela va a seguir estando sin rumbo preciso.

El éxito del modelo de 1880 en el campo educativo cuya escuela Normal de Paraná fue el orgullo, consistió en un claro y legítimo contrato entre sociedad y escuela. Ese contrato hoy está roto, fragmentado, desorganizado. Ese contrato está siendo reinterpretado, redefinido, nuevamente consensuado.

Y en esa necesaria recomposición reaparecen las eternas luchas ideológico-políticas. Vuelve a repensarse el sujeto, la sociedad, el estado, la economía, la religión.

Es que el ser humano, esa compleja síntesis de dimensiones es parte de un proyecto inconcluso que seguirá en marcha. Atravesando los tiempos de la ilustración y el positivismo, cruzando las fronteras de los constructivismos y llegando al presente aún convaleciente de la fractura subjetiva que significó la disputa modernidad-postmodernidad la escuela Normal, nuestra escuela Normal como tantas otras están resignificándose a sí mismas a solas.

Educar para la diversidad y el pluralismo es el desafío, sostenido por la idea de la democracia que implica igualdad absoluta en el respeto de los intereses.

Alfonsina había notado una cosa que la preocupaba, la idea de derecho se había impuesto por sobre la de obligación. Ese era un síntoma que no le gustaba.

El permisivismo social es indeseable, y las consecuencias se hacen notar en las aulas.

El problema de la falta de respeto tiene dos vertientes a su entender, uno era aquella costumbre que se fuera imponiendo de no corregir a los hijos (o alumnos) y la otra era la falta de respeto por los valores representados en el saber y en la ciencia. Ambos aspectos confluían en el hecho de que los alumnos no tuvieran interés por el conocimiento. Y eso es grave. Una sociedad no se construye sin sujetos atravesados por valores. Una sociedad sin cultivo de los bienes que nos hacen mejorar nuestra calidad de seres humanos no es viable.

El problema es acuciante y debe ser resuelto a la mayor brevedad posible.

Las letras le estan devolviendo a Alfonsina, la esperanza de poder volver a ser educadora, las letras estan renovando su experiencia de la comunicación y a través de ellas espera llegar a transmitir algo más que un conjunto sistematizado de conocimientos fundados, a través de ellas intenta transmitir un modo de ser en el mundo.

La palabra, esa mágica expresión inventada para comunicar debe adquirir más que nunca su relevancia social. La palabra no escapaba de la crisis general de la cultura y a ella le debemos nuestro mayor esfuerzo por volver a significarla.

EL SENTIDO DE BICENTENARIO, y un acto escolar para tener en cuenta.

De las numerosas ocasiones que tiene un pueblo para el reencuentro, las fechas patrias son una experiencia particular que se refuerza cuando se trata de cantidades significativas de años de historia.

Los proyectos nacionales no siempre fueron consensuados, la historia no se hizo solo de grandes acuerdos sino también de grandes diferencias puestas en pugna y en lucha.

Esto valía especialmente y lo recordó la Presidenta.

Alfonsina había comprobado esto en su historia personal y era evidentemente cierto para cualquier historia.

La lucha política felizmente existía en el bicentenario también y esa lucha era inevitablemente necesaria. Los consensos solo se dan en ocasiones excepcionales. La postmodernidad nos había acostumbrado a un pensamiento que evitaba hablar de confrontaciones, pero eso es una falacia.

La vida humana, hasta tanto no alcancemos niveles mucho más evolucionados y solidarios de convivencia social que implique el reconocimiento de los derechos de todos y el cumplimiento de los deberes que comprometen el bienestar de todos, estará teñida de conflictos. Querer desconocerlos es un engaño más de quienes ocultan sus intereses y quieren hacernos suponer que no los tienen.

Este juego Alfonsina lo conocía muy bien, de él se habían valido siempre sus antiguos opresores. Esta confusión es el arma principal de nuestros opositores.

La democracia se construye si somos capaces de renunciar a la mezquindad y de reconocer la necesidad imperiosa de justicia. La democracia será una realidad cuando alcancemos estos logros.

Pero el ser humano es por naturaleza el más egoísta y traidor de todos los seres vivos.

Por eso necesita límites, y eso lo marca el Estado.

La democracia es la única forma de gobierno que puede garantizar que nadie se extralimite y eso esta demostrado en Argentina.

Sin embargo sorprende la actitud del gobierno de Santa Fe que sanciona a maestros que en un acto escolar organizado magistralmente, donde se lograron dramatizar con un efecto didáctico sorprendente las claras contradicciones, puja de intereses, disputas del pasado 8N eso sea sancionado, tildado de ideología y desacreditado. ¿Es que no hay ideología en el saber escolar? La verdad esto resiste en análisis de cualquier especialista en Ciencias Sociales.

PARANÁ, NUESTRA CIUDAD, NO SOLO EL RÍO TE NOMBRA

Cuando el río te rodea y te cubren las flores del jacarandá, los poetas anuncian que el cielo bajó para posarse en tus sendas.

El azar de la vida nos puso en esta tierra. Inmigrantes cargados de nostalgias la habitaron, doscientos años de historia consolidaron un porvenir y Alfonsina era parte de todo aquello.

Su trágica infancia rodeada de los avatares de la historia nacional le dio un inicio triste a su vida pero Paraná, su ciudad, le tenía preparada una sorpresa. Su ingreso a la Escuela Normal le dio las primeras lecciones. El aire de cultura encerrado en sus muros respiraba porvenir. Sin mayores precisiones las escaleras de mármol le indicaban un proyecto. Férreas maestras normales forjaban sus primeros contactos con el saber. Algo allí olía a futuro, esperanzas puestas todas en el progreso de los pueblos herederas del normalismo argentino.

Pero allí no se cerraba la herencia transmitida, cuna de debates, Paraná le ofreció el ámbito académico por excelencia, su querida Facultad de Ciencias de la Educación, pues la riqueza de sus tradiciones era casi interminable. Tradición en formación docente más allá la escuela Alberdi y por el otro la Almafuerte. Rodeada de monumentos a la educación se encuentra Paraná, como un canto a la capital de la pedagogía.

Sus sentimientos de amor por su ciudad eran tímidos, pero no podía dejar de reconocer que aquel tesoro cultural que rodeaba a su ciudad por doquier era el acervo que la había salvado de la ignorancia.

Si no hubiera nacido allí, su destino hubiera estado muy comprometido. Ella pudo estudiar gracias a la proximidad de centros culturales tan importantes y prestigiosos de carácter público y gratuito.

El hilo conductor que le permitió estudiar fue la gratuidad de la enseñanza en nuestro. Con el paso del tiempo su opción por la oferta pública ya no estuvo ligada solamente a una característica de sus posibilidades de acceso sino a una elección basada en la calidad de la oferta.

Paraná, era una gran ciudad, no por la cantidad de sus habitantes, que siempre parece poca en comparación con otras capitales, sino por la calidad de su propuesta cultural.

LA OTRA OFERTA CULTURAL DE SU CIUDAD

Nunca es tarde cuando queremos hacer realidad un sueño

Alfonsina nació con una pasión, la danza clásica. Vivir en Paraná fue una doble bendición para ella. No solo pudo desarrollar sus intereses de conocimiento sino que su otra pasión también encontró respuesta en aquella tradición.

Como sus padres no podían pagarle los estudios de danza, al ser adolescente, se puso en contacto con su primer profesor de danza, el querido maestro Nino Anselmi que tenía el sueño de tener una escuela en el teatro.

El regocijo de Alfonsina al asistir a las primeras clases era indescriptible. Allí comenzó un entrecortado pero continuo recorrido en su vida sin abandonar jamás la expectativa de poder bailar.

Sus estudios universitarios y su vida de mujer adulta sola con hijos le impidieron darle una continuidad sistemática a su proyecto pero las ganas de recuperarlo se imponían de tanto en tanto concurriendo esporádicamente a clases de danzas.

Pero el mayor sueño de su vida se lo devolvió Paraná. Al llegar a madurar sus tiempos y encontrar nuevamente su camino Alfonsina recuperó para sí misma al teatro. La escuela municipal de danzas la recibió con una propuesta de educación de adultos abierta, flexible y exitosamente actualizada en los prejuicios a cerca de las posibilidades de las personas grandes.

Alfonsina lleva varias presentaciones de ballet, entre ellas la de la obra Quijote, que espectacularmente presentara la queridísima escuela con la magnífica conducción de su directora y el afectuosísimo cuerpo de docentes.

Alfonsina vive su vida en Paraná, felizmente ha regresado a su ciudad luego de estar obligada a vivir en otro pueblo.

Pero su retorno es exitoso y no se lamentaba del tiempo de ausencia, al contrario, le parece un alejamiento obligado y necesario que le permitiera revalorizar lo que tenía en su ciudad.

A veces, necesitamos alejarnos de las cosas queridas para volver a reencontrarnos con ellas con vínculos renovados. Eso le ha sucedido a ella con Paraná, su ciudad.

DE SU GRUPO LITERARIO BROTES DEL ALMA

Empezamos una actividad nueva con la misma timidez y regocijo con el que amamos por primera vez, y casi sin darnos cuenta nuestra vida se colma de encantos maravillosos.

Alfonsina había descubierto no solo las letras, sino un grupo humano cálido y despojado de egoísmos como hacía tiempo no encontraba.

Será que la poesía les da a las personas una pureza de corazón y sentimientos difíciles de encontrar.

En sus compañeros de grupo Alfonsina encontró el cariño desinteresado y libre de mezquindades.

Y Paraná también fue la cuidad que le brindó a esa gente.

Qué difícil le había resultado encontrar el silencio de las palabras, pero lentamente el día lunes se iba convirtiendo en el centro de su vida espiritual.

De a poco se iba acostumbrando a la frecuencia de los encuentros y sus nuevos amigos, la hacían sentir cada vez más aceptada y querida.

Aprendía cosas...muchas cosas, no solo a escuchar poesías, sino a afrontar la vida con altruismo y alegría.

En cada uno de sus compañeros veía una persona llena de vivencias, que buscaba compartir a través de las letras las más profundas tristezas de su alma para encontrar consuelo pero también los más hondos regocijos de su ser, porque la generosidad exige y obliga a compartir la felicidad para hacerla más plena.

Alfonsina en su grupo literario era por primera vez **Alfonsina**.

Así se sentía, así lo experimentaba cada semana, así iba reconstruyendo una identidad perdida en oscuros vaivenes de su historia.

Ella estaba cada vez más cerca de sentirse parte de un sueño compartido y construido por todos, el sueño de la vida, el sueño de los poetas, el sueño por fin de los dioses.

LA VIDA TODAVÍA LE DEBÍA ALGUNAS COSAS

Algunos dicen que la vida no nos debe nada y que todo lo hacemos nosotros; eso no es cierto, la vida nos recibe con muchas deudas, nosotros ponemos el empeño pero es ella la que nos tiene que pagar.

Alfonsina estaba convencida de que la vida había sido muy injusta con ella. Alguna vez perdió la esperanza, pero ya no se sentía triste. En su nuevo amanecer, había descubierto nuevas posibilidades, nuevas miradas y otros mundos posibles. En esas latitudes de ilusiones esperaba que la vida le pagara las deudas que aún mantenía con ella.

Porque no todo depende de nosotros, hay una parte que le corresponde al destino. Ella había puesto todo de sí, ahora era tiempo de que el universo organizara las cosas para convenir que las energías positivas que necesitaba atraer sobre sí estuvieran por fin de acuerdo en asistirla.

¿Podría alguna vez recuperar la capacidad para estar en sintonía con otros? Esa era la deuda más grande que mantenía el destino con ella.

Esa era la objeción más importante que le hacía a su suerte.

¿Es posible que en la vida de alguien, nunca aparezca una persona con quien poder compartir los sueños?

Quizás fue mucha la desconfianza que albergó en su ser.

Quizá fue demasiada la insatisfacción que encontró en su relación con otros.

Quizá fue excesivo el desamor sufrido.

Y hay cosas de las que uno ya no se puede recuperar.

Tal vez sea demasiado difícil de aceptar, pero la imposibilidad de curar algunas heridas tal vez sea un hecho.

Todavía no da por hecho el fracaso, definitivamente, aún considera posible algún resarcimiento moral.

Tal vez por eso escribe, para sacar afuera el dolor y recuperar su alma de la amargura.

Tal vez, Alfonsina encuentre el camino en los senderos sinuosos que atravesó por la vida.

Tal vez un amor la espere a la vuelta de la siguiente página.

HOY SU HISTORIA RECOMENZABA

Hay momentos de apertura y momentos de cierre y cada uno de ellos depende de las experiencias aprendidas y de los pasos dados

Convertir la tragedia en comedia era el arte de la vida, eso lo aprendió por fin...

La consolidación de un nuevo modelo de país, más integrador, más solidario, más respetuoso de los derechos de todos, la obligaba a cerrar una etapa de su historia, tantas dictaduras soportadas finalmente arribaban a un puerto feliz de una nueva libertad surgida de tantas imposiciones del pasado. Hoy ALFONSINA era feliz. Había sepultado finalmente a los muertos, el sentimiento de libertad que la invadía era compartido por todos sus contemporáneos. Argentina había arribado por fin a una etapa de libertad para todos aquellos que por una cosa u otra habían sido discriminados, perseguidos, relegados, excluidos. Todos, inmigrantes, pueblos originarios, latinoamericanos de otros países, mujeres, pobres, homosexuales, judíos y cualquiera otra condición de desigualdad sobre esta tierra eran superadas en el país al menos desde la propuesta del Estado. Nadie quedaba afuera, todos podía por fin a partir del 7D expresar libremente su vos. ESO SI QUE ERA NUEVO EN NUESTRA HISTORIA. Felizmente algo se aprende y aunque la construcción de la democracia cultural estaba todavía en sus primeros inicios todo hacía pensar que las bases estaban definitivamente sentadas. Lejos quedó la argentina de unos pocos, ese país donde se habían construido las exclusiones de género y de clase que había soportado desde siempre. Por fin Alfonsina libre, Argentina libre eran un solo sentimiento. Aquel desconsuelo que la invadió el día en que su intuición de niña había descubierto que no vivía en democracia quedaba enterrado.

A partir de hoy en el horizonte, ninguna tormenta sería tan grande como para apagar el sol.

NUNCA MÁS sucedería la muerte en Argentina. Era un triunfo conquistado.

MEMORIA, JUSTICIA Y LIBERTAD DE SER, ERAN ESTANDARTES UNIDOS A LA BANDERA NACIONAL PARA SIEMPRE PUES HOY EL PUEBLO Y ELLA SE HABÍAN ENTERADO POR FIN DE QUE SE TRATABA.

Esa fue la vida de Susana, una historia más de tantas otras que seguramente podrían escribirse, no tiene nada de extraño, no tiene nada de extraordinario, solo tiene la riqueza de lo hondamente sentido, de la sensibilidad profunda de estar viva en cada situación y de poder contarlo, de poder decirlo, de poder ser una ocasión para la reflexión, para que nunca más suceda que LAS PALABRAS no puedan volar, no puedan ser ellas mismas, no puedan decirse en igualdad de condiciones, para que nunca más haya quienes tiene el poder de simbolizar el mundo a su manera, a su antojo, a su propia conveniencia mientras que otros son violados, negados, silenciados y excluidos de la posibilidad de SER HUMANOS SIN MAS.

www.ingramcontent.com/pod-product-compliance
Lightning Source LLC
Chambersburg PA
CBHW050450290526
45786CB00006B/2231